【中国人格读库】

国家新闻出版广电总局

培育和践行社会主义核心价值观主题出版重点出版物

上海小刀会起义

高占祥　主编

张华　著

北京时代华文书局

图书在版编目（CIP）数据

上海小刀会起义 / 张华著 . -- 北京 : 北京时代华文书局 , 2015.12（2022.3 重印）
（中国人格读库 / 高占祥主编）
ISBN 978-7-5699-0676-9

Ⅰ . ①上… Ⅱ . ①张… Ⅲ . ①小刀会－武装起义－上海－青少年读物
Ⅳ . ① K254.420.9

中国版本图书馆 CIP 数据核字（2015）第 293873 号

上海小刀会起义
Shanghai Xiaodaohui Qiyi

主　　编 | 高占祥
著　　者 | 张　华

出 版 人 | 陈　涛
责任编辑 | 邢　楠
装帧设计 | 程　慧　段文辉
责任印制 | 訾　敬

出版发行 | 北京时代华文书局 http://www.bjsdsj.com.cn
　　　　　北京市东城区安定门外大街 138 号皇城国际大厦 A 座 8 楼
　　　　　邮编：100011　电话：010 - 64267955　64267677

印　　刷 | 三河市嵩川印刷有限公司　0316 - 3650395
　　　　　（如发现印装质量问题，请与印刷厂联系调换）

开　　本 | 787mm×1092mm　1/16　　印　张 | 10　　字　数 | 95 千字
版　　次 | 2016 年 1 月第 1 版　　　　印　次 | 2022 年 3 月第 3 次印刷
书　　号 | ISBN 978-7-5699-0676-9
定　　价 | 38.00 元

社会主义核心价值观与中国人格

周殿富

社会主义制度在中国已经建立了六十余年，而我们党则在本世纪初叶提出了培育弘扬社会主义核心价值观的重大课题，显然是其来有自。

社会主义的道德风尚在新中国蔚然兴起，曾经那样地风靡于二十世纪中叶。邓小平同志曾经在改革开放中讲过，当年"这种风气不仅是中国历史上从来没有过的，而且受到了世界人民的赞誉"。然而可惜的是，这个在社会主义制度建立与实践中，同步兴起的社会主义道德风尚的成长道路，却是一波四折。半个多世纪以来，它先是与共和国一道遭受了十年"文革"的浩劫；接着便是全党工作重心转移到改革开放进程中，欧风美雨"里出外进"的浸洗濡染；再接着是西方"和平演变"在东欧得手的强烈震荡与冲击；最后又是市场经济中那两只"看不见的手"在搅动着、嬗变着人们的价值取向。至少在国民中出现了价值观上的多层次化，传统美德的弱化，社会道德文明水准的退化，光荣革命传统的淡化，这也许正是中央在本世纪初提出社会主义核心价值观的原因吧。

不管怎么"变"，怎么"化"，当我们回首来时路，却不能不说，中华民族真的很强大，很值得骄傲。人类经历了几千年的文明进程，堪称世界文化之源的"五大文明古国"，其他四大古国文明都已被历史淘汰灭亡，只有中国成了唯一的延续存在。近现代即使那般的积贫积弱，被西方列强豆剖瓜分、弱肉强食，想亡我中华都不可能，就连最强大的美帝国主义，最凶残的日本军国主义都成为我们的手下败将，而且打出了一个新中国，且跨过整整一个历史阶段，直接进入了社会主义。西方敌对势力几十年不遗余力地对新中国百般围剿，"冷战""热战""和平演变"手段用尽，连如此强大的前苏联乃至整个苏东阵营都被瓦解了，而社会主义的旗帜仍旧在960万平方公里的土地上高高飘扬，而且昂首挺胸地屹立在世界的东方，中国真的是太强大了。几十年来的瞩目成就，竟然令西方发出了"中国威胁论"。你管他别有用心也好，言过其实也好，总比让别人说我们是"瓷器"，是"东亚病夫"好吧？1840~1949年的一百零九年间，中国尽受别人的欺负、"威胁"了，我们也能让那些昔日列强有点"威胁感"，又有什么不好？更何况这是他们自己说的啊！我们并没吹嘘，也没有去做。几千年来我们侵略过谁呢？"反战""非攻""兼相爱，交相利"，中国古有墨子，近有周恩来、邓小平同志。这也是中华民族固有传统美德的延续吧！

生于忧患，死于安乐，这也当是中华民族的一个传统美德吧？几十年来尽管中国如此繁荣兴旺，但从邓小平生前一直到党的"十八大"以来，无论哪一届中央领导集体，从来都没有忘记过国之忧患。忧在何处，患在何处呢？

二十世纪八十年代末，邓小平同志曾经在半年的时间内四次提到：中国改革开放十年最大的失误在教育，在"对青年的政治思想教育抓得不够""对人民的教育不够"，足见他的痛心疾首。他晚年时又提到了"国格"与"人格"的问题，讲道："谈到人格，但不要忘记还有一个国格。特别是像我们这样第三世界的发展中国家，没有民族自尊心，不珍惜自己民族的独立，国家是立不起来的。"

（精装版《邓小平文选》第3卷331页。）

人们很少注意到邓小平的这一段话，但邓小平恰恰是在这里把"国格""人格"提升到了事关"立国"的高度。

那么，什么是我们社会主义的"国格"呢？邓小平讲得很明白："民族自尊心""民族的独立"。

新中国一路走来，我们最大的尊严便是完全靠"自力"，靠"艰苦奋斗"，而达"更生"之境。对西方敌对势力的"冷战""热战""和平演变"，我们何曾有过屈服？也正是在这一前提下，我们才有真正的"民族独立"。这就是我们的国格。那么什么是我们中国人的人格呢？邓小平同志在这里没有讲，但他在1978年4月22日召开的全国教育工作会议上的讲话中，在讲到我们的教育培养目标时，至少提到与社会主义人格相关的各个方面：革命的理想，共产主义的品德，勤奋学习，严守纪律，艰苦奋斗，努力上进，爱祖国，爱人民，爱劳动，爱科学，爱护公共财产，助人为乐，英勇对敌，集体主义精神，专心致志地为人民工作，等等。这里的哪一条不属于社会主义人格的范畴呢？

2006年党的十六届三中全会，第一次提出了"建设社会主义核心价值体系"的历史性命题和战略任务。2007

年，胡锦涛同志在"6·25"讲话中又具体提出这个"体系"包括四个方面的内容：①马克思主义的指导思想；②中国特色社会主义共同理想；③以爱国主义为核心的民族精神和以改革创新为核心的时代精神；④社会主义荣辱观。这四个方面，一是信仰，二是理想，三是精神，四是道德文明，哪一个不在社会主义人格的范畴之内呢？党的十七届六中全会又提到了社会主义核心价值体系是"兴国之魂"。

2012年11月，在党的"十八大"上又用"三个倡导"把社会主义核心价值观概括为十二项：①倡导富强、民主、文明、和谐；②倡导自由、平等、公正、法制；③倡导爱国、敬业、诚信、友善。而且中办文件又把这"三个倡导"分为三个层面：第一个"倡导"的四项，是国家层面的价值目标；第二个"倡导"的四项，是社会层面的价值取向；第三个"倡导"的四项，是公民个人层面的价值准则。实际上前两个"倡导"的八项都是属于"国格"范畴，而第三个"倡导"是属于"人格"范畴。

那么，我们怎样才能在前面讲到的那些历史嬗变中培育建构起这个"核心价值观"呢？中共中央政治局的第十三次集体学习，似乎很明确地回答了这个问题。

新华社北京2014年2月25日电讯称：中央政治局在2月24日，以弘扬社会主义核心价值观，弘扬中华传统美德为内容，进行了集体学习，习近平总书记在主持学习时强调：

培育和弘扬社会主义核心价值观必须立足中华优秀传统文化。牢固的核心价值观，都有其固有的根本。抛弃传统、丢掉根本，就等于割断了自己的精神命脉。博大精深的中国优秀传统文化是我们在世界文化激荡中落稳脚跟的根基。中华文化源远流长，积淀着中华民族最深层的精神追求，代表着中华民族独特的精神标识，为中华民族生生不息、发展壮大提供了丰厚滋养。中华传统美德是中华文化精髓，蕴含着丰富的思想道德资源。不忘本来才能开辟未来，善于继承才能更好创新。对历史文化特别是先人传承下来的价值理念和道德规范，要坚持古为今用、推陈出新，有鉴别地加以对待，有扬弃地予以继承，努力用中华民族创造的一切精神财富来以文化人，以文育人。

习近平总书记的这段论述相当精辟，对于如何培育建构社会主义核心价值观问题从四个方面剀切明白。

第一，他明确指出要在中华优秀传统文化的基础上，来构造我们的社会主义核心价值观，而不能割断历史。这一条十分重要，否则我们便会失去我们的本来面目，便会成为无源之水，也就无法走向未来。

第二，指出了中华传统美德是中华文化精髓，蕴含着丰富的思想道德资源。这就为我们揭示了社会主义核心价值观，要以弘扬优秀的中华传统美德为基础。

第三，他指出，对传统文化在扬弃中继承，在继承中创新。这就是说，社会主义核心价值观的内涵，既要有优良传统的文化精神，也要有时代精神，是二者的有机结合。

第四，他指出要用中华民族创造的一切精神财富，来化人育人。这就是说，弘扬中华民族文化，并不只是传承儒学那些道统，而是要弘扬全民族共创的优秀传统文化。同时也就是说，培育、弘扬社会主义核心价值观的根本目的是化民、育人。

尤其值得瞩目的是，习近平总书记在这次讲话中提到了一个"中华民族独特的精神标识"问题，而在同年的全国组织部长会议上又提出我们再也不能以GDP论英雄的思想。让人欣慰的是，思想道德文化建设终于被提升到一个民族的标识地位，这至少表明中国人的思想观念，并不落伍于世界潮流。

并不受人欢迎的亨廷顿生前给他的祖国提出的警示忠告，竟是如何弘扬他们没有多少历史和文化的"传统文化"："盎格鲁新教精神——美国梦"，以此为国家的"文化核心"问题。他讲道："在一个世界各国人民都以文化来界定自己的时代，一个没有文化核心而仅仅以政治信条来界定自己的社会，哪有立足之地？"所以，他提醒他无限忠于的祖国，一定要巩固发扬他们自入居北美以来，在新教精神基础上形成的"美国梦"理念的"文化核心"地位，这样才能消解这个国家的民族与文化双重多元化的危机。为此，他甚至预言美国弄不好会在本世纪中叶发生分裂。而且他公开预言不列颠大英帝国也会因民族与文化多元化的问题，导致在本世纪上半期发生分裂。

西方的一些专家学者们也十分强调国家民族文化的地位问题，柏克说："全世界的人根据文化上的界限来区分自己。"丹尼尔同样说："保守地说，真理的中心在于，对一个社会的成功起决定作用的是文化，而不是政治。开明地说，真理的中心在于，政治可以改变文化，使文化免于沉沦。"这些语言也可能有它们的局限性与某种非唯物性，但至少可以让我们看到那些发达的资本主义国家在想什么，至少与马克思主义经典作家们，关于意识形态并不总是消极被动地接受它的经济基础的论断并不相悖。

中国显然具有世界上最悠久的民族文化，同时显然也拥有世界上最强大的政治优势。新中国包括它直接进入社会主义的经济形态，以及其后的一次次经济变革，哪一次不是靠政治力量在强力推动呢？它当然同样拥有让我们几千年的民族文化"免于沉沦"的能力。有学人认为我们的民族文化早就被以往一次次的历史性灾难割裂了，这个看法显然都是毫无道理的。但我们当下却确实面临着"两个传统"失传失统的危险。中国的传统文化与优秀的民族美德，在当代国民中还有多少传承？老一代中国共产党人用生命与鲜血铸就的光荣革命传统，在党内还有多少"光大"？我们现在全民族的"核心文化"到底在何处？"社会主义核心价值观"的提出不仅符合世界潮流，也是使我们优秀的民族文化得以传承而不发生历史断裂的根本保证。富和强永远都不是一个民族的标志，哪个国家不可以富，不可以强？但能代表中国"这一个"本来面目，具有自己民族特色的，唯有中华民族的文化，能代表中国人形象的只有中国独具的道德人格。什么是人格？人格就是原始戏剧中不同角色的本来面目。

综上所述，我们是不是可以这样认为，社会主义核心价值观应内含如下的成分：中华民族传统文化中的优秀传统美德；中国人民近现代反帝反侵略反封建的爱国主义、斗争精神与中国共产党领导下形成的几十年光荣革命传统；中国化了的马克思主义有中国特色社会主义的共同理想；与"中国梦"远大目标相适应的时代精神。由这些内涵构成的社会主义核心价值观，用它来干什么呢？用习近平总书记的话来说就是"化人""育人"，把它再具体化一下，无非是打造能体现中华民族特色，代表中国形象的国格、人格。在思想道德层面上，一个国家的民族精神也只有在人的身上才能体现，所以我们依据社会主义核心价值观的基本要求，针对当代青少年的实际情况，策划了《中国人格读库》这样一套大型系列选题。

本套书承蒙全国少工委、中华文化促进会、团中央中国青年网三家共同主办推广，并积极提供书稿。难得高占祥老前辈热情出任该套书的编委主任，且高占祥同志不辞屈就加盟主创作者队伍。一些大学、中学教师与青年作者也积极加盟此套书的编写。该选题被国家新闻广电出版总局列为2014年全国社会主义核心价值观重点选题，在此一并鸣谢。

希望本套书的出版能为社会主义核心价值观的培育与弘扬，为促进青少年的道德人格养成起到积极的作用。欢迎广大读者与作家对不足之处批评教正，多提宝贵建议与指导意见。

谨以此代出版前言并序。

二〇一四年十月

于北京时代华文书局

前言

小刀会址忆陈刘，一片红巾起海陬。

日月金钱昭日月，风流人物领风流。

玲珑玉垒千钧重，曲折楼台万姓游。

坐使湖山增彩色，豫园有史足千秋。

——郭沫若

发生在1853年的上海小刀会起义，是上海及周边地区人民反抗清朝封建统治和外国资本势力的武装斗争，也是太平天国运动的重要组成部分。在这次斗争中，无论是起义的领导者，还是小刀会的普通战士，都表现出了大无畏的斗争精神和爱国主义精神。

"威武不能屈"是中华民族长期以来推崇的人格精神，面对强权，勇于斗争，面对强暴，不屈不挠。小刀会起义具体体现了这种人格精神。他们面对强大的反动势力，从不退缩畏惧，面对敌人的先进武器，他们抛头颅洒热血；面对清军的重重围困，他们吃野菜、河里的小螃蟹，把箱子上包的和旧皮鞋鞋底的皮煮熟了吃，吃完了坚持战斗。小刀会在极其困难的情况，孤军奋战，坚持了十七个月之久，小刀会的重要领导潘起亮，在小刀会起义失败后加入太平天国，长期奋战达十年之久，真正体现了"威武不能屈"的精神。

小刀会起义的主体是普通的农民和贫苦的水手，从这些社会底层的人身上，朴素的自尊、自爱，升华为爱国主义精神，他们自发地维护国家的尊严和利益，义正词严地指责外国势力对中国事务的干预，表示对任何干预行为，都不会有所畏惧。面对法国侵略者的威逼诱骗，小刀会的领导人坚定地说：我们不怕法国人，如果法军来，就等他们来，并跟他们一拼，至于我们，决不侵犯人家。要作战到底，甚至牺牲生命也在所不惜。小刀会的首领刘丽川在给英美法等国代表的信中，这样庄严宣告：今日之中华实已与外邦并驾齐驱。

重新回顾小刀会起义，我们今天的青少年可以从中学到很多东西，其中最主要的是爱国主义的伟大人格精神，爱国主义精神是中华民族伟大的精神力量，在整个民族漫长的发展历程中，起到了不可替代的重要作用，在今天，更加是我们宝贵的精神财富。

目录

革命前的准备

东校场，西校场，人强马又壮，要投小刀会，去到点春堂。

——小刀会起义时期歌谣

公元1843年，上海根据清政府签订的《南京条约》和《五口通商章程》，开辟为通商口岸。经过十年的发展，上海已经从原来一个海边县城，变成了一座初具规模的城市。来自江苏、浙江、安徽、广东、江西、山东等地的劳动者，不断涌入上海，为上海的繁荣发展奠定了基础。外国侵略者对上海的觊觎是由来已久的，早在1832年，英国东印度公司广州商馆的职员林德赛就曾经和传教士郭世立一起，乘坐商船在中国沿海窥探，他们的船在上海停泊了十八天。郭世立说："上海的重要性仅次于广州。它的商业十分活跃。如果欧洲商人被准许来上海贸易，它的地位更会大大提高。外国商品在上海的消耗量很大。这样大的商业活动区域，以往一直被人忽视，实在太令人

林则徐

奇怪了。"林德赛随后给东印度公司写了一份报告,在报告中他说:"上海具有优良的港湾和适于航行的河道,基于以上理由,上海事实上已成为长江的入海口和东亚主要的商业中心,它的国内贸易远在广州之上。……外国人特别是英国人如能获准在此自由贸易,将获得难以估计的利益。"

总之,他的结论就是一句话:"对于英国的利益来说,上海是仅次于广州的重要地点。"占据上海之后,众多披着外交人员身份的外国人,他们实际上也是外国公司的雇员,支持甚至鼓励走私等犯罪活动。英国人在上海开了一家叫广隆商行的洋行,它的老板觉得自己走私得还不够多,受到了大概两万元的"损失",就给当时的英国领事写信,要求"和别人一样大规模地进行走私"。英国领事的回答也十分直白:"摆在你面前的只有两条路——要不就走私,要不就不要做生意了。"还有一些所谓"传教士",拥有多种身份,在上海设立教堂,充当外国领事馆的翻译,甚至参与公共租界的管理。有的外国人拥有大量地产,通过欺诈的手段将中国人的房屋土地据为己有。所有这一切,都加剧了上海原有的社会矛盾。

当时的上海属于苏松太道管辖,苏松太道管理着苏州府、松江府,本来就是全国赋税负担最重的地区之一,鸦片战争之后,由于清政府对外赔款、对内镇压的需要,更沉重的税负压到了人民群众头上,即使和同属于江苏的镇江府相比,也多了三四倍。这还只是有正式规定的税负,其他各种名目繁多的搜刮手段,

英国东印度公司

更是让老百姓苦不堪言，官府收税时有"浮收""淋尖""踢斛""捉猪""样盘米""贴米"等等花样，另外还会在运输费等各种杂费上克扣。算下来，老百姓交纳的钱粮超过了规定的一倍。而上海地区又是苏松太道中负担最重的，一方面官府的勒索比别的地方更重，另一方面，上海种棉花比较多，农民必须卖了棉花买回粮食交上去，一进一出又受到了几层剥削。除此之外，因为外国资本主义势力的入侵，掠夺走了大量白银，造成"银贵钱贱"，从经济上沉重打击了农民和城市下层劳动者。原来上海有全国闻名的"沙船"将近四千艘，大船能装三千石粮食，小的也能装一千五六百石，它们每年将上海产的棉布运送到山东、河北、东北等地，再把大豆和麦子运回来。广东和福建的商人也从上海走水路运回棉布，换回大量的糖。而上海被开辟为通商口岸之后，本来十分发达的上海航运业，很快被大批涌入的外国商船挤到了破产的边缘，原来船上的水手们，也都面临失业的困境。所有这一切，都在预示着人民的大反抗即将到来，将会给清政府的封建统治和外国侵略者重重一击。

1853年是一个不平静的年份。两年前开始于广西金田起义的太平天国运动，已经发展到了长江入海口。1853年，马克思在分析太平天国运动的原因时曾经一针见血地指出："中国的连绵不断的起义已延续了十年之久，现在已经汇合成一个强大的革命，不管引起这些起义的社会原因是什么，也不管这些原因是通过宗教的、王朝的还是民族的形式表现出来，推动了这次大爆炸的毫无疑问是英国的大炮，英国用大炮强迫中国输入名叫鸦片的麻醉剂。"这一年的3月19日，太平军攻下了当时称为"江宁"的南京，改名"天京"，作为自己的首都，对清王朝的统治构成了严重威胁，对其他地区受压迫的人民起到了强烈的示范作用，很多群众自发组织起来，与清王朝的腐朽统治进行斗争。在南京附近的江南地区，这种革命的烈火更是燃烧得旺盛。此时上海的防御十分空虚，对发动起义来说是个有利的时机。在上海有各种各样的会党组织，有来自广东地区的劳动者组织的小刀会，主要以福建人为主的青巾党，还有以本地人为主的百龙会、罗汉党等等，他们各自都在准备起义的事情。

这一天正是端午节，黄浦江上人来人往热闹得很。商贩在码头上来回穿梭，江边停放了数不清的船只，虽然南京已经被太平天国占领了，但是战火还没有烧到上海来，市面上还是比较繁华，只是在繁华背后暗流涌动。董家渡码头是上海小南门外面一个重要的轮渡码头，说起来这个码头历史悠久，在清朝康熙年间就已经存在了，多少年来人们横渡黄浦江都要从这里走。这时候正当中午，从码头上走来一个健壮的年轻人，打扮看起来像个做工的，但是一双眼睛警觉地四下查看着。他就是百龙会的首领潘起亮，这次渡江是为了扩大组织，为起义做准备。潘起亮的父亲早年以做镜子为生，所以潘起亮有个外号叫做"小镜子"。他和朱月峰、沈绍昌等人组织了百龙会，他既勇敢又能干，因为给英国商人赶过车，所以还懂得一点英语，被推举为百龙会的首领。

潘起亮刚上码头，就看到了不远处的教堂，这座教堂在周围低矮的房屋映衬下显得分外高大。潘起亮不禁想到有些传教士仗着在上海的势力，欺压贫困百姓的事情，心里说："早晚有一天要讨个公道！"他正要走开，突然从前面大街上走过来两个人，一个是中年汉子，一个看样子像个老庄稼人。两个人拉拉扯扯，不知道说些什么。潘起亮凑上前去，听他们说什么。那个老人一边走一边大声和旁边的人说："评评理啊，大家评评理啊，他们凭什么抓我？凭什么啊？"一边喊一边哭，眼泪都流在胡子上了。潘起亮起了好奇心，问旁边一个水手怎么回事。那人叹了一口气说："都是洋鬼子惹的祸。那老头家住在教堂旁边，有一间破草屋，不值什么钱，可是地方被洋人看上了，硬逼着他搬家。"潘起亮闻听此言不禁火冒三丈，接着问："这种事情就没人管吗？还有王法吗？"对面的人听了不禁笑了："听你口音是本地人，怎么却说外行话？现在还有官敢管洋人吗？看见那个中年汉子没有，他就是当地的一霸，专门给洋人跑腿的，狐假虎威狗仗人势惯了，自己还有地保的身份，谁敢惹他？平时就在穷人头上作威作福，现在又帮着洋人抢穷人。洋人说话上海的道台大人都要听，谁管小老百姓的死活。"

"真是无法无天！"潘起亮听完了，心头怒火焚烧，想要冲上去教训教训这些不讲理的狗腿子。他正要分开人群，忽然身后一只大手搭在他肩膀上，把他给按住了。潘起亮吃了一惊，不等回头，一扬手，就奔身后那人的面门虚晃一拳，身子向后一跳。站稳之后他定睛一看，是一个身材不高的中年人，还有一些瘦弱，面色白净，对自己不停微笑。潘起亮顾忌到周围人多眼杂，又不敢大声喝问，只能压低声音问道："这位老兄，你是什么人，我们之前见过面吗？"中年人说："这位兄弟是不是路见不平想要拔刀相助啊？"潘起亮说："不干你的事，不讲理自然有人管，我定要让这些假洋鬼子吃些苦头。"那个人听了不怒反笑："兄弟的义气令人钦佩，可惜对方人多势众，你又怎么能抵挡得住呢？你看。"他用手指了指，人群中有好几条大汉，有的拿着棍子，有的拿着绳子，跟在可怜的老头后面，显然都是一伙儿的。如果潘起亮刚才贸然出手，面对这么多人，一定没有什么好结果。潘起亮倒吸一口冷气，知道中年人是在暗中帮自己，于是也就改了说话的口气，拱了拱手说："多谢。"中年人回了礼，拉住潘起亮的手说："这里不是讲话的地方，请跟我来。"潘起亮看他不像官府的暗探，心想和他去也不会有什么太大危险，就随着他走了。

两个人穿大街过小巷，越走越远，走到上海城外小东门大街来了。潘起亮之前来过这个地方，知道这里有条羊毛弄，是在上海的广东、福建人聚集的地方。羊毛弄街上店铺很多，十分热闹。中年人带领潘起亮走进街里，转过一个弯，前面出现一座黑漆大门，门边上有一块长招牌，上写"刘丽川医寓"。

刘丽川？难道是那个刘丽川？潘起亮心里忽然一动，脸上又不能表现出来。中年人带他进了门来，有一个高个子的小伙子走上来问好："刘大夫，你回来了？"中年人说："我回来了，给这位朋友上茶。"还不等坐下，潘起亮就迫不及待地问："你就是刘丽川？就是小刀会的刘丽川。"中年人哈哈大笑："行不更名坐不改姓，我就是小刀会的刘丽川！"潘起亮大叫一声："刘大哥，我可找到你了！"

　　眼前这位被称作"刘大夫"的中年人就是著名的刘丽川。他从小在广东香山长大，世世代代都是农民，以种地为生。在第一次鸦片战争中，英国侵略者气焰嚣张，四处劫掠。三元里是广州城北附近的一个小村庄，英国士兵占领广州城之后到这里抢掠，当地的人民群众奋起反抗。三元里和附近村庄一万多人集结起来，利用有利的天气，诱敌深入，重重围困敌军，取得了斗争的胜利。当时刘丽川在香山听到这个消息后，和乡亲们一样振奋，一方面痛恨英国侵略者的无恶不作，一方面痛恨清政府的无能，恨不得自己也像三元里的乡亲一样面对面和侵略者作战。第一次鸦片战争失败后，清政府将赔款转嫁给广大人民身上，捐上加捐，税外增税，百姓的生活更加困苦。刘丽川在家里种地也养活不了自己了，只好搭船到香港谋生。当时在香港，天地会已经建立了自己的组织。天地会大约创立于清朝康熙年间，会员尊崇天地，有供奉香烛等结拜仪式，活动范围遍及福建、台湾、浙江、广东、广西、湖南、湖北、江西、江苏、四川、山西、云南、贵州等地。刘丽川早就听说过天地会以"反清复明"为宗旨，在各地广招会众，准备寻找机会推翻腐朽的清政府。他在香港做工的时候，找到了天地会的组织，加入天地会，为起义做起了准备工作。香港是在鸦片战争后被割让给英国的，当时既有中国人，也有英国人。刘丽川在香港待了几年，不仅学会了英语，而且向别人学习治伤接骨，到后来自己能够开业行医。依靠当医生作掩护，刘丽川认识了不少三教九流的人，其中很多人和他一样，有志于推翻清政府的统治。几年前天地会为了扩大组织，在厦门、广州、上海等地设立了分支——小刀会。小刀会主要吸收贫苦的社会下层劳动者，像种地的农民、跑船的水手，还有被潮水般涌入的西方廉价工业产品排挤到破产边缘的手工业者，受到清政府和外国势力双重压迫的商人，直接遭受外国人压迫的华侨，以及城市贫苦群众和游民。这些人加入小刀会之后，增强了革命的力量，一场针对清政府的大规模武装斗争正在酝酿之中。

刘丽川因为会医术，又讲义气，所以被派到上海来发展小刀会。来到上海之后，刘丽川在羊毛弄挂起了行医的牌子，建立了上海小刀会的组织。上海小刀会的会员身上都藏有一把小刀，作为会员标志，这把刀有一尺七寸长，系着一块方形的布，布上分别写着不同的字作为记号。这种带有记号的方布，就是小刀会成员互相辨别的"腰凭"，背面还钤有"顺天洪英义兴公司"的红印。刘丽川还特别注意联系上海当地的会党，

李鸿章

吸收他们进入小刀会，为大规模的反清斗争做准备。之前刘丽川和码头上的扁担帮已经有所联系，今天本来是去接头，遇见了潘起亮，看潘起亮是一条汉子，又敢于对欺压穷人的地头蛇出手，因此才把他带回到自己的诊所。

潘起亮早就听自己手下的兄弟讲过刘丽川的事情，今天一见面，分外高兴，讲起刚才在码头上看见的事情，潘起亮愤愤不平："刚才要不是刘大哥拦着，我一定要给他们一个好看。"刘丽川说："这些人在码头上横行霸道惯了，还不是仗着洋人的权势？之前有一对贫苦的老夫妻向教堂里的洋教士借钱买棺材，用自己房子的地契作抵押，两个老人只借到一百元，死了之后，教士转手就以一千五百元的价格将他们的土地卖了出去。扁担帮的兄弟也没少吃他们的亏，这些兄弟本来都是在码头上替别人挑东西为生，后来没有办法，才组成了扁担帮，团结起来对付他们。"潘起亮说："做得好，我们那里也是一样，什么时候见见这些兄弟？"刘丽川说："扁担帮已经是小刀会的人了，想见什么时候见都可以。不知道潘兄弟这次来上海有什么事情？"潘起亮说："我听说闽南小刀会的兄弟已经在海澄县起义了，大家都非常振奋，让我来上海看看，是不是也能像他们一样干一番大事。"刘丽川说："你的消息还很灵通，确实海澄县的起义已经成功了。"说到这儿，他压低声音："我们上海的小刀会也正在准备，更需要你这样的好汉子。"潘起亮噌地一声站起来说："只要是打官府、打洋人，我绝不会后退一步。"

当晚，两个人在房间里谈了很久，仔细筹划着上海小刀会起义的事情。刘丽川对潘起亮说："要起义，头一个要对付的就是苏松太道吴健彰。"潘起亮说："我倒是听说过这个人，不知道具体情况。""这可就说来话长了，说起来他还是我的同乡呢。"刘丽川端起茶来，向他详细地介绍了吴健彰这个人。

吴健彰也是广东香山人，他原来在广东十三行中的同顺行做事，同顺行和英国怡和洋行关系密切，吴健彰的兄弟就在怡和洋行做买办，吴健彰也就经常和洋人打交道，深得洋人的信任。鸦片战争之后，吴健彰捐了一个候补道员的官儿，来到了上海，一边等着有空缺自己好补上去，真正做一个官老爷，一边开办了旗昌洋行。他利用自己会英语的优势，在上海的洋人圈里面钻营，认识了不少上层人物。没过多长时间，吴健彰等待的时机终于来了。1848年3月，英国基督教新教伦敦会传教士麦都思、雒魏林、慕维廉等人，违反规定，前往青浦县传教。当时清政府与西方国家的约定是：外国人外出旅行，时间不能超过一昼夜，而且也不能在租界之外过夜。这几个人不但没有遵守规定，而且擅自到青浦县发放宣传单。当地运粮船的船工与他们起了纠纷。英国领事阿礼国在美国、法国领事的支持下，强词夺理，将距离上海数十里的青浦县划归为"官定范围"，强迫清政府惩处船工。阿礼国采取武力恫吓的手段，扬言如果清政府不满足其无理要求，就停止支付关税，又封锁江面，不让即将北上运粮的一千四百艘粮船出发。阿礼国派出副领事罗伯逊去南京交涉，罗伯逊故意乘坐兵舰示威。结果两江总督李星沅迫于压力，将涉及此事的十名水手带上枷锁，将其中的两个人处以徒刑和流放，另外还答应英国侵略者的要求，将租界扩大到两千八百多亩。与此同时，英国领事以原来的苏松太道咸龄不称职为由，让吴健彰接任了这一官职。他的理由是上海各国各地的人众多，必须要有一个得力的人才能统领全局，吴健彰熟悉洋商情形，让他做了道台，一定可以与友邦亲睦无间，共同维护上海的繁荣。清政府在外国压力下让吴健彰做了上海道，之后他又当上了执掌进出口大权的江海关监督，成为了上海最有权势、最受洋人信任的人。

吴健彰走马上任之后，与外国侵略者的勾结更加紧密，也充当了清政府与外国侵略者的中间人。太平军攻占南京之后，吴健彰看到形势不妙，赶紧招募团练，企图对抗汹涌的革命形势，还向各村镇加派捐税，搜刮钱财用来组织乡勇。吴健彰招募了不少外地人当兵，虽然有人向他建议说，当地人保卫家乡会更加尽心尽力，可是吴健彰不听。上梁不正下梁歪，这些招募来的乡勇，和清朝的八旗兵一样没有什么战斗力，整天只会为祸乡里，聚众赌博。

听刘丽川讲完，潘起亮说："太好了，有吴健彰这个草包在，咱们做大事就更方便了。"正说着，有人来通报说青浦的周大哥来了。刘丽川一听高兴地站了起来，"来得正好，今天英雄聚会，正好给潘兄弟介绍介绍。"潘起亮随着刘丽川出来迎接，抬头一看，对面有一个四十来岁的汉子，光头没戴帽子，一身打扮像个农民。他身边是一个十八九岁的姑娘，浑身上下穿着粗布的衣服，两只眼睛亮晶晶地滚来滚去。刘丽川给潘起亮介绍说："这位就是青浦塘湾的周立春周大哥，那位是他的女儿秀英。"潘起亮上前一步，自己报了姓名，说："想不到在刘大哥这里和周大哥、周姑娘见了面！早就听说过周大哥的大名了，今天真是幸会！"周立春和周秀英回了礼，刘丽川说："此处说话不方便，到里面来吧。"几个人到了里面一间清净的屋子，刚坐下刘丽川就问："周大哥今天怎么来了，路上没有人看见吧？"周立春说："不妨事，不妨事，我一路小心，应该没有官府的狗腿子跟过来。"潘起亮说："久闻周大哥在青浦的大名，还曾经与官府真刀真枪地干，不知道能不能给小弟讲一讲？"周立春哈哈大笑："不值得一提。既然潘兄弟想听，我就讲一讲。"

原来，周立春一家世世代代居住在青浦塘湾，祖祖辈辈都是老实的农民，在青浦白鹤江附近的村庄里，他因为办事公正，肯为老百姓说话，威望很高。村民们推举他做了白鹤江的图正。"图"是当时的一种行政单位，比"乡"小一点，比"村"大一点。话说事情发生在两年前，当时正逢着连年干旱，天上一滴雨都没有，土地都干裂了，好多农民的土地颗粒无收，好多人前一年的粮食都交租子了，哪里有钱粮交给官府呢？本来报上去受了灾荒，青浦县却不管农民的死活，一定要按时收粮。周立春身为图正，被官府逼着去催老百姓交粮食。可是他也是个种田人，知道大家实在交不上来了。后来他心一横，决心带领大家到衙门诉说实际的困难。这一天，周立春领着两三百农民来到了衙门口。衙门的差役一看来了这么多人，大声呵斥道："周立春，你想干什么，你想造反吗？"周立春说："我不敢造反，大老爷让我去收粮食，我收不上来了。我是领着这些吃不上饭的人来'报荒'的。请大老爷宽限我们一下。"事情闹到了青浦知县余龙光那里，余龙光一看周立春不仅没有把粮食收上来，还为农民说话，气得大叫："收多少粮食是王法定的，岂容你们说了算，今天就是卖男卖女也要交！"周立春一看知县蛮不讲理，也豁出去了，他说："知县侬枕头垫垫高，百姓苦恼阿知道？只有合会借债娘子讨，呒没卖男卖女钱粮交。"合会是当时民间带有互助性质的组织，入会之后可以在过不下去的时候互相借钱渡过难关，多数会员都是家庭妇女。周立春当面痛斥知县不知道民间疾苦，只知道一味催逼钱粮，天下没有这个道理。余龙光听到这个话勃然大怒，当下就打了周立春二十大板，将他投入监牢，让和周立春一起来的农民带话回去，必须在三天之内把钱粮如数交上来，如果有不交的，周立春就是他们的榜样。

这些乡亲回去之后把事情告诉了周立春的女儿周秀英，周秀英性格脾气都随父亲，是一位女中豪杰，她听到这件事之后，气得一拍桌子："这是不让我们穷人活了。"她随后把各村各庄有威望的、管事的人召集在一起说明了情况，然后说："我父亲已经被官府关起来了，三天之后没有钱粮，不知道会怎么样。我周秀英决心出头抗粮，带领乡亲冲进城去，不知道大家意下如何？"

这些人议论纷纷，也有稳重的主张去松江府请愿，也有的早就受够了压迫，坚决同意周秀英的办法，直接杀进县城去。正在大家还没有拿定主意的时候，知县余龙光又派催粮船到了青浦塘湾来催粮食，那些公差与其说是催粮的，倒不如说是抢劫的土匪，他们冲进农民家里，如同虎入羊群，见人就打，见东西就拿。这一下，所有人都按捺不住胸中的怒火了，周秀英带领村里的年轻人手持柴刀，将这些公差团团围住。平时作威作福的公差们没想到这些乡下农民敢于抗命，一下就傻了眼，被揍了一顿，赶回城里去了。周秀英让人拿来柴火，把十几艘催粮船都付之一炬。周秀英说："事不宜迟，咱们现在就去县城。"几百人的队伍一下子涌入县城，把关在牢里的周立春救了出来。这时候在公堂上凶神恶煞一样的余龙光早已经跑得不见踪影了。周立春见到自己的女儿，有喜有忧，知道这样一来，自己也没有退路了。回到塘湾之后，他马上组织了附近村庄的乡民们，利用可以找到的工具，早做训练，准备与将要到来的清兵作斗争。苏州知府钟殿选听说塘湾群众抗粮的事情之后，派出一千多人的清

《南京条约》签订场景

军前来镇压。周立春带领乡民，利用地利之便，灵活机动地和清军对抗。乡亲们为了保卫家园，纷纷拿起刀枪棍棒，有的还用上了锄头钉耙，同仇敌忾地和清兵战斗。清军虽然人数众多，但都是乌合之众，之前太平军的威名已经让他们吓破了胆，成了惊弓之鸟。没有人愿意为了一些粮食拼命，只是下乡走一趟应付差事。让这些清兵抢东西还行，和周立春领导的农民队伍作战，他们是不干的，很快就溃退走了。

潘起亮听周立春说完，又站起来鞠了一躬，深深叹服道："周大哥比我们强多了，我们百龙会也有上千的弟兄，可是却做不出来周大哥这样的大事。"周立春站起来还礼，说："我看潘兄弟不是碌碌之辈，将来一定能和刘兄弟做一番大事。"刘丽川在一旁笑着说："潘兄弟你以后的机会还多着呢，周大哥不是过来和咱们商量以后该怎么办吗？"旁边的周秀英插嘴道："我们上次和官府干，多亏了周边村庄的支援，要不然坚持不到现在。爹爹让各村各庄都不再缴纳钱粮，找了很多铁匠打造武器，供下次战斗用。还有人编了歌唱这件事情，'当当叮，叮叮当，几十只炉灶打枪忙，造出矛子千千万，杀得盾牌兵见阎王。'"潘起亮看周秀英虽然是个女孩儿家，但是说出话来却掷地有声，十分佩服。刘丽川告诉潘起亮，周秀英在抗粮斗争中发挥了巨大的作用，她武艺高强，手拎一把大刀，在清军中冲杀起来，如入无人之境。后来青浦的农民还编了一首歌谣："女中英雄周秀英，大红裤子小紧身，手提大刀百廿斤，塘湾桥上杀四门！"潘起亮说："原来是一位女中豪杰，失敬失敬。听刘大哥说周大哥和周姑娘干的事情，真是痛快！可惜遍地恶狗，没有穷人的活路，要打也打不尽那许多。"刘丽川说："要干就要像周大哥那样动刀动枪大干一场，不仅不交钱粮，还要推翻了清朝皇帝，让老百姓见了青天。这样我们才算出了一口气。"潘起亮说："刘大哥说得对，不知道刘大哥有什么好主意。"

刘丽川说："不知道你们听说过太平天国没有？"周立春说："太听说过了，官府只要一听'太平天国'四个字，都吓得屁滚尿流。听说他们已经打到南京了？"刘丽川说："正是。太平天国已经打下南京，改名为'天京'，北京的清朝皇帝已经吓破了胆。现在太平天国大军又攻下了扬州、镇江，离苏州不远了。刚才潘兄弟也说过，福建小刀会已经在海澄县起事，他们一鼓作气攻占了漳州府，如今分兵两路，向厦门、漳浦而去，相信不久就会有好消息了。福建的红钱会在永春起义，打下了好多县城。湖南的天地会在郴州起义，打败了前去攻打的清军。各地风起云涌，就等这一天了。我们如果和太平天国取得联系，更能壮大声势，增加起义的把握。"潘起亮大声说："刘大哥，咱们也干吧！"刘丽川说："现在上海小刀会已经有不少兄弟，但是还有一个问题。"周秀英听得起急，让刘丽川赶紧说是什么问题。刘丽川说虽然现在上海有很多会党都心向起义军，包括青巾党、福建帮、江北帮、罗汉党、青手帮、蓝线党、编钱会等等。周围还有周大哥这样的好汉，可是还没有拧成一股绳，力量还比较分散，容易被官府钻了空子。"陈阿林大哥的青巾党，已经和小刀会合在一处。要是上海的会党都能联合起来，我们的力量就会比现在大多了。"潘起亮一听，拍着胸脯说："刘大哥，百龙会虽然不是什么大帮会，在上海、南汇、川沙三个地方，一声令下，也能调动两三千兄弟。这次我来之前，已经和会里的兄弟都商量好了，准备和上海的弟兄们一起干。如果刘大哥不嫌弃的话，百龙会愿意加入小刀会共图大事。"周立春也说："这个办法好，人心齐，泰山移。只要穷苦人齐心协力，就能和官府对着干。我们塘湾周边十几个村庄，年轻小伙子和我这种半大老头子还有一千多，我回家和大家说说，一起加入小刀会。另外南汇县之前也闹过几次抗粮，今年的一次闹得最大，大家夜里拿着火把，不仅把催粮船烧了个一干二净，还冲到了周浦，把知县的府衙都捣毁了。"

大家越说越高兴，越说越兴奋。最后几个人做了分工。周立春回去加紧制造兵器，潘起亮回去联系百龙会的弟兄早做准备，刘丽川负责联系太平天国。几个人各自分头去行动。

潘起亮回家之后，将这件事情和百龙会的兄弟一说，他们都感到非常高兴，决心加入小刀会大干一场。这时从门外走进一条大汉，潘起亮一看正是自己得力的帮手张汉宾，这个人胆大心细，很有见识。张汉宾听说要加入小刀会，也十分高兴，对潘起亮说："我们趁着这股风头，闹出个名堂来，砍倒大树有柴烧，说不定咱们能把整个上海城都打下来。"潘起亮说："事情不是那么简单的，刘大哥和周大哥都已经去准备了，咱们自己也得想想该怎么做，不要让人小瞧了咱们兄弟。"张汉宾沉思了一会儿，说："刘丽川大哥提到吴健彰这个狗官要办团练，他还派了袁祖德来当上海知县，吹什么上海城防万无一失，太平军绝对打不进来。现在还到处招人当乡勇，正经做工务农的人不想去，只有一些平时胡混的地痞流氓去凑数。"潘起亮说："那正好，要不咱们起义的时候，这些团练也是碍事。"张汉宾说："虽然如此，我们也不得不防，不如这样，我们先找几个弟兄一起去报名当乡勇，这样的话，一来可以探探里面的虚实，二来可以预先埋伏，趁机起事。""这个主意好！"潘起亮一拍大腿，说："这样的话我们可以里应外合，把他搅个天翻地覆。只是如何混进去，还要想一想。"张汉宾说："我认识袁祖德手底下的一名捕快张小毛，我让他把我们介绍进去。这样的话，就不会引起怀疑了。"潘起亮说："好，就这么办。"

第二天，潘起亮和张汉宾就找到了张小毛，和他说明了来意，张小毛的哥哥也是百龙会的兄弟，他很爽快地答应了。经过张小毛的介绍，潘起亮和张汉宾加入了团练，一起参加的还有百龙会的几十个弟兄，潘起亮被推举为大东门外紫霞殿乡勇的头目。当时上海道署后面有个地藏庵，驻扎在地藏庵的乡勇平时和道署里的差役狼狈为奸，无恶不作。有一天潘起亮带领兄弟去上海道署侦察情况，正好遇见了地藏庵的乡勇欺行霸市，两边说不几句就动起手来了。这时候恰巧吴健彰从道署的后门出来，看到这种情况，不分青红皂白，直接叫人把潘起亮和张汉宾抓了起来，让清兵将他们捆起来送到县衙，让上海知县袁祖德严刑查办。

　　说起这上海知县袁祖德，也是一个贪污成性的狗官。他原来只是一个候补知县，是花了一大笔银子向官府捐来的，他觉得当官是个一本万利的买卖，每天日盼夜盼，只等当上了正式知县，好尽情搜刮老百姓。吴健彰上任之后，袁祖德又加紧打点终于得偿所愿。他也知道现在上海的官不好当，周围好几个县都有老百姓抗粮的斗争，还有不少百姓自己组织起来对抗官府。为了坐稳县太爷的位子，同时向上司吴健彰献媚，他决定用严刑峻法压迫老百姓。袁祖德命令在县衙前面设置了几个站笼，如果有老百姓不交钱粮、不服管教的，一律抓起来放到站笼里站上几天，看他们还闹不闹，让他们知道知道官府的厉害。这站笼还有个名字叫立枷，是一种非常残酷的刑具。站笼用十几根木柱钉成，就像一口立着的棺材，窄小仅可容身。犯人一旦进去，就是九死一生，只能挺直了身体站在笼子里，脖子被木枷套住，头勉勉强强地伸出来，脚下只垫几块砖头。知县这样说，底下的衙役差人也四处出动，看见不顺眼的就找茬抓起来。袁祖德挨个升堂审讯，结果都是一些老实的乡民，不过只要在堂上顶撞他几句，那一顿板子是少不了的。他在公堂上滥施淫威，在上海县监狱中关押了一百多人，日日拷打他们，让犯人承认莫须有的罪名，这些人忍受不了他的压迫，组织越狱，不幸被发现。袁祖德带领兵勇进行残酷镇压，当场就杀害了三个人，之后又严酷审讯其他囚犯，凡是参与了越狱的人，都被打断了腿。一时之间，人们只要一提袁祖德的名字，就心生恐惧。

袁祖德听说潘起亮和张汉宾是吴健彰送过来的，心中大喜："正愁找不到暴民会党的头目，现在有两个现成的送上门来了，我正好要好好审审，也好给吴道台看看，我袁某人不是只会抓几个农民。"他立刻命令对潘起亮、张汉宾用刑，然后将两个人投入死牢。看守死牢的牢头外号"活阎王"，号称良心一年比一年黑，手段一年比一年辣，不管什么人，只要落在他的手里，有钱的家破，没钱的人亡。提起"活阎王"这三个字，没有一个人不摇头的。

之前潘起亮和张汉宾听张小毛说过"活阎王"的名字，还听说他和地藏庵乡勇的头儿是亲戚，知道这一次凶多吉少。两个人在牢里商量对策。潘起亮说："这次是因为和地藏庵的乡勇对着干进来的，袁祖德这个狗官可能还不知道我们与刘丽川大哥的关系，也不知道我们已经加入了小刀会，更不会知道我们是为了起义才进了团练。我们只要咬紧牙关，一口咬定我们从不知道什么小刀会，他也拿我们没法子。"张汉宾说："大哥说得对，都是硬汉子，挺得住。"

两个人正在说话，"活阎王"带着手下人走了进来，"太爷要提审你们，最好放老实点，不然的话，前面那顿打只是开胃菜。"之前的刑法已经让潘起亮站不起来了，几个捕快七手八脚把他架到大堂上。袁祖德高高地坐在公案后面，看着下面的潘起亮和张汉宾。这两个人虽然灰头土脸，但还是掩盖不住精气神。袁祖德先是问两个人为何与地藏庵的乡勇斗殴，潘起亮回答说是言语不和。"言语不和？哼！别以为我不知道，你，潘起亮，就是百龙会的头目，手底下有两三千党羽。当今皇上圣明，道台大人英明，黎民百姓无不安居乐业，个个奉公守法。偏偏你们这些不法之徒，纠集在一起聚众闹事，不是想要抗捐抗税，就是想要抗粮，保不齐还要造反？快快从实招来，免得皮肉受苦。"潘起亮听他颠倒黑白心里发笑，也不说破，只说百龙会是穷苦弟兄想要混口饭吃，揭不开锅的时候互相借两个钱花花，从来不敢干违法乱纪的事情，还请大人明察。袁祖德大怒，骂道："你们两三千人聚在一起，到处寻衅滋事，还说不干违法乱纪的事情，以为本官是三岁小孩子吗？别以为你不承认就能混过去。"潘起亮心一横，咬紧牙关说："大人要治小人的罪，小人也无话可说，但大人没有真凭实据，就是到了道台大人那里也说不过去。"袁祖德说好，那就打到你招认为止，说着就让人对潘起亮动刑。潘起亮本来就受过刑，这一次又被打得只有出气，没有进气，趴在地上再也起不来了，两条腿已经血肉模糊了。旁边的张汉宾一看不好，大叫："大人、大人，你要官逼民反吗？潘起亮已经不行了，再打他就死了，人死不能复生，就算他想说什么也说不了了啊。"袁祖德一听，冷笑了一声，让人把潘起亮带回来，说："就算你什么都不说，凭你聚众闹事，组织百龙会，就可以治你的罪。来人啊，把他放到站笼里示众。"差人们把张汉宾押回牢里，把潘起亮拖出衙门口，关进站笼里面。潘起亮大声喊道："只要姓潘的不死，总有一天会回来找大人的。"张汉宾心里着急，等回到牢中之后，想办法托人带话给张小毛，让他赶紧给潘起亮的家人带个信儿，快想办法来救他，迟了就来不及了。

潘起亮站在站笼里，只看见周围有很多围观的人。一个个指指点点，这个说袁祖德太厉害，不知道关了、打了多少人，今天又让人站站笼，看来成心要把犯人折磨死；有的说现在当官的都这样，手段越辣，顶子越红，爬得越高；有的说你只看见县老爷打人，还没看见县老爷刮地皮呢。还有胆小怕事的人说快都别说了，担心被衙门口的人听见，那就麻烦了。潘起亮听着听着，就觉得太阳越来越晒，自己的身子越来越重，渐渐失去知觉了。等他醒过来，整个天都暗下来了，看热闹的人都已经走了。县衙前冷冷清清，点着两盏灯笼，里面的烛火在风中闪烁。潘起亮一会儿想不知道张汉宾怎么样了，一会儿想刘丽川大哥知道不知道自己已经被抓起来了，一会儿想自己该怎么办。夜深了，看守他的衙役们都已经回去休息了。正在这

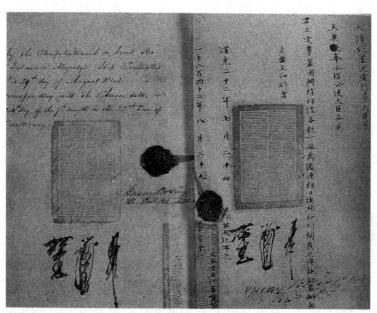

《南京条约》文本

时，他看见一条黑影从门边闪过，一开始潘起亮还以为自己看花了眼睛，又使劲眨了眨眼睛再看，确实是个人。只见那人悄无声息地过来，站在站笼旁边，用低低的声音说起了小刀会里面的暗语，"单刀不过是惊人"。潘起亮大喜过望，赶紧说："何不双刀去灭清？"那人又说"路上相逢亲手足"。潘起亮答道"洪英遇着是洪英"。那人知道再无差错，拿起一个葫芦，送到潘起亮嘴边，给他喂了几口水，告诉他再忍耐一下，很快就会有人来救他的。

原来这人正是刘丽川派来的，张小毛通风报信之后，百龙会的弟兄到上海走了一趟，找到了刘丽川。刘丽川紧急召开了会议，研究该如何解救潘起亮。在会上，有的小刀会兄弟主张劫狱，救出潘起亮，顺势起义，而且在吴健彰身边的眼线说现在衙门里有四十万两银子，正好用来购买武器和粮食。"要干就痛痛快快大干一场。等天一黑就杀进县衙，宰了狗官袁祖德，救出潘起亮和张汉宾，一鼓作气拿下上海城！"刘丽川说本来小刀会是想在这年冬天起义，那正是办理漕粮的时候，小刀会可以获得大量的粮食，现在还有些准备没有彻底完成，这时候要是硬闯，可能会打草惊蛇。有的兄弟说："其实只要再有几天时间就做好准备，但是潘起亮在站笼里恐怕坚持不了那么长时间。现在城里城外都是小刀会的兄弟，只要一声号令，四面八方都会响应。"刘丽川又想了想，说："这件事情关系到起义大局，千万不能草率行动，我想还是找李仙云大哥商量一下比较好。"李仙云是福建莆田人，他的公开身份是上海兴安泉漳会馆董事。他家里原来是贩糖的，后来因为外国洋糖的涌入和税赋的增加，日子越来越不好过了。李仙云胸有大志，原来就和小刀会有所接触，后来又和刘丽川一起主持上海小刀会的事务。他足智多谋，刘丽川有什么事情都喜欢和他商量。吴健彰组织团练，李仙云趁机将来自广东和福建的小刀会兄弟编入团练，以便里应外合。同时，李仙云和吴健彰还见过几面，可以说吴健彰也知道李仙云是个不可小觑的人物。这件事情还要从两年前说起。

自从上海成为五个开放通商口岸之一以后，英美法等外国侵略者成为这里的太上皇，依仗特权任意胡为，甚至根本不管具体条文的规定，奉行"强权就是真理"。上海开埠之后，外国人得到租界，获得了很多特权，但本来是没有擅自挖掘中国人坟墓的权利的。可是外国侵略者来了之后，并不理会这一点，只要妨碍他们盖房子、修马路，就会将原地的坟墓铲平，把里面的尸骨随地抛撒。1851年秋天，英国人又抢占了一大片土地，这片地位置在今天的河南路和四川路之间。这一大块土地上当时有田地、房屋，英国侵略者都要强制拆除，他们甚至还要强制拆迁上海兴安泉漳会馆公墓。当时在上海的福建人有五六万之多，他们很多是背井离乡来上海打工的，有些人由于生病或者意外死在上海，因为贫穷，留下的钱连买口棺材都不够。这个时候，福建的同乡就会凑点钱把他们埋在泉漳会馆的公墓里。英国侵略者不管这些，强迫会馆的人接受很低的地价，否则就要动用武力。面对这种赤裸裸的抢夺，上海人民集合起来进行英勇的斗争，他们一方面阻止英国人的行动，一方面团结起来，推举李仙云作为首领，领导大家进行反抗。李仙云认为首先要广泛宣扬这件事情，让老百姓都知道英国人干了什么。这样才能有越来越多的人明白，保护自己的利益就要和侵略者进行斗争。当时李仙云已经是小刀会的领袖之一，这次行动也是小刀会第一次在抗英斗争中崭露头角。李仙云决定连夜抄写几百张"揭帖"在全城各处张贴，向人民群众宣传这次斗争。"揭帖"上明确指出：自从外国侵略者踏上中国的土地之后，无恶不作，先是用鸦片毒害中国人，后来又用廉价的商品倾销，外国的商船遍布黄浦江，中国的船主纷纷破产，中国的船工纷纷失业。侵略者不仅占据了租界，还觊觎中国人祖祖辈辈生活的土地，采用种种不法的手段，不断扩大租界的范围，侵吞更多的利益。他们在上海占民地，挖掘坟墓，盖起了一座座洋楼，现在又想要泉漳会馆的公墓，把这些土地改成跑马厅。只要是中国人，对他们这累累罪行，都不能不奋起抗争。现在没有别的办法，只有大家团结起来，一致对外，把侵略者从上海、从中国的土地上赶出去。"揭帖"发挥了巨大的作用，一时间，整个上海街头巷尾都在谈论这件事情，有更多的人参与到对外斗争的正义行动中来。

这下子，英国领事阿礼国坐不住了，"揭帖"刚一贴到街头，就有人把其中一份送到了他的案头。阿礼国看完之后，深感这件事情没有原来想得那么简单，于是他立刻将美国公使马沙利、法国领事爱棠请来一起商量对策。三个人坐在阿礼国的密室里，马沙利和爱棠看完了"揭帖"。马沙利首先说："这没有什么嘛，不过是一群中国穷鬼的宣传，动摇不了大局，领事阁下是不是过于担心了？"阿礼国说虽然这些人都没有什么分量，也没有中国官方背景，可是毕竟会对我们扩大租界的事情产生影响。爱棠插话说："让吴健彰去处理就好了，他还是很听话的。"三个人都笑了。确实，吴健彰上任以来，十分倚重这几位领事和公使，当太平军打下南京的时候，他第一个想到的就是向马沙利求援，马沙利劝他放心，上海城外有美、英、法三国的军队，黄浦江上有美、英、法三国的兵舰，他只管坐在自己衙门里面，不用担心战火会烧到上海来，这是不符合英美法三国的利益的。吴健彰还担心上海的会党，怕他们趁机闹事，还是马沙利帮他订购了一批洋枪，准备用来镇压可能的起义。阿礼国说："吴健彰倒是可以利用一下，总之，不允许那些刁民在租界闹事，清政府必须保护我们英、美、法三国政府和侨民的利益。"法国领事爱棠也是个狡猾的人，他赞同阿礼国的说法，特别又加上一句："两位先生的看法我都同意，我们必须向清政府施加适当的压力，毕竟这些人闹起来，对吴健彰也不是什么好事情，说不定到时候他还要来求着我们。我们应当共同努力，保证上海这块地方不出差错。"

《点石斋画报》反映的上海火灾情景

三个人商量好之后，就联合向吴健彰发出了一封信。在信中，几个人将上海人民的正义行动污蔑为对租界利益的侵犯，具有所谓"挑衅性"，还用上级对下级下命令的口气，让吴健彰"采取最有效的步骤，追查出参与这件事的人，予以严惩。"三个人在信中暗示如果不照此办理，有可能影响清政府与英美法三国之间的关系。吴健彰一看到信就慌了，赶忙派出手下人，把上海城中的"揭帖"全部涂抹或撕毁，以示"严惩"的诚意。他还亲自去拜访英国领事阿礼国，保证自己一定会追查出有关"人犯"，严惩不贷。正当吴健彰想要抓捕幕后的组织者时，李仙云主动找上门来，他以泉漳会馆董事的身份拜访吴健彰。李仙云对吴健彰说，中国人自古以来就认为"死者为大"，如果洋人强行霸占泉漳会馆的公墓，不仅在上海的福建人不答应，而且其他商户也不会答应，他已经听说商界要联合起来反对官府偏袒外国人，上海的一些士绅也准备联名向朝廷上书说明情况。吴健彰害怕自己谄媚洋人以自肥的事情败露，思前想后没有将事态扩大，只能表示妥协。在人民的力量面前，外国侵略者谋求兴安泉漳会馆公墓土地的计划没有实现，人民群众的斗争取得了阶段性的胜利，李仙云在小刀会弟兄中的威望也更高了。

　　刘丽川在泉漳会馆找到李仙云之后，把潘起亮、张汉宾的事情说了。李仙云思索了一会儿说："不巧，现在不是起义的好时机。想要救这两位兄弟还要想别的办法。"刘丽川说：

"大哥，莫非事情有什么变化，吴健彰那狗官又得到了什么消息？"李仙云说："是福不是祸，不用惊慌。吴健彰最近十分害怕太平军打进来，三天两头往英美使馆跑，又用搜刮的民脂民膏从美国买了一批最新的洋枪，准备装备团练，正在挑选人手组织一支亲兵卫队。我们小刀会的兄弟已经混进去了，正在学习怎么用洋枪，将来对我们起义大有用处。这个时候不能打草惊蛇，更不能轻举妄动。应该多方联系，等到周立春在城外也准备完毕之后，我们一起动手，一定能拿下上海城。"刘丽川说："这真是件好事，可是潘起亮和张汉宾怎么办？没有他们，百龙会的弟兄也没法响应。潘起亮现在被关在站笼里面，只怕没有多少时间了，咱们还得早作打算。"李仙云又想了一会儿说："起义是大事，但是潘兄弟也不能不管，我想咱们双管齐下，一定能把他和张汉宾救出来。"

李仙云认为，袁祖德这个贪官，平时只顾贪钱，潘起亮与百龙会和他并无瓜葛，他一方面是为了讨好吴健彰，在上司面前显得自己能干，日后好升官发财；另一方面也是要立自己的官威，让下面的百姓不敢再参与抗粮抗捐的运动。潘起亮在公堂坚决不承认自己有什么不轨行为，袁祖德也没有证据，只能严刑逼供。李仙云想要出面去见吴健彰，向他说明潘起亮只是个帮会小头目，和太平军、和乡下抗粮的农民都没有什么关系。吴健彰不知道百龙会已经和小刀会合为一家，而且上海滩形形色色的会党很多，相互之间从来都是斗来斗去，留着潘起

19世纪的上海

亮，一来可以牵制其他会党，二来可以作为官府的眼线，岂不比杀了潘起亮更好？刘丽川一听，连说是好计，不知还有一计是什么。李仙云和他耳语了几句，刘丽川听完连连点头，说："事不宜迟，我先回去联系百龙会的弟兄准备了。"

送走了刘丽川，李仙云就往道台衙门去找吴健彰，想要说服他写一封亲笔信给袁祖德，好让袁祖德释放潘起亮和张汉宾。没想到，吴健彰今天不比往日，一点面子也没有给李仙云，还说如果李仙云认识这些会党，要告诫他们速速解散会党，"改恶从善，再做良民"，否则就要严厉镇压。李仙云感到再说下去也说不通，只能告辞出来，悄悄问了一个衙门里的小刀会兄弟，才知道吴健彰今天为何如此反常。原来前几天，以南翔为基地的罗汉党，联合当地受欺压的农民，发动了起义。之前罗汉党的领导人徐耀，也是被嘉定知县冯翰抓了起来，囚禁在了站笼中间，放在衙门口示众。罗汉党聚集了一千多群众，冲入嘉定县城，把徐耀救了出来。不仅如此，他们还把县衙打了个稀巴烂，把牢里因为没有钱粮可交而被抓起来的农民全都放了出来。嘉定知县冯翰下落不明，有传言说已经被罗汉党抓起来了，还有的说罗汉党入城的当天他就脚底抹油——溜了。这一千多人，守住了嘉定县城的四门，声势浩大，震动了上海。吴健彰知道这件事情后，十分害怕其他地方的会党会学嘉定的样子，所以今天李仙云一说潘起亮的事情，他不但满口回绝，还准备在上海对会党展开大搜捕。李仙云吃了一惊，感到形势发展得比自己想象的还要快，要赶紧回去布置，相信刘丽川那边按照自己的布置，也能救出潘起亮他们。

潘起亮在站笼里喝了送来的水，又吃了点东西，感觉好一点了。在天蒙蒙亮的时候，他听见远处有人群嘈杂的声音，潘起亮努力睁开眼睛一看，一大群人影正往这边来。守门的衙役不知道发生了什么事情，也都踮着脚往远处看。等人群走近了，潘起亮看他们都是乡下农民的打扮，手里还拿着锄头、镰刀。为首的一个正是自己百龙会的弟兄张大福，他朝着潘起亮使了个眼色，大声对衙役们喊道："我们都是四村八庄的老百姓，县太爷让我们交钱粮，我们没有钱也没有粮，家里都揭不开锅了，我们要见大老爷，求大老爷宽限几天。"衙役们呵斥道："这么早老爷还没起呢，你们闹什么闹！"张大福说："老爷不见，我们就不走了。"他周围的人一哄而上，往里就闯，几个衙役挡不住，已经被他们冲到衙门里面去了。张大福趁乱来到站笼边上，打开笼门，背起潘起亮就走。潘起亮急得大叫："张汉宾还在牢里！"张大福说不用担心，会有人去救他的。张大福背着潘起亮一溜烟儿地跑到自己的家里，没过一会儿，张汉宾也来了。原来刘丽川连夜通知张大福组织了群众，以抗粮为掩护，将潘起亮和张汉宾救了出来。潘起亮得知是李仙云的主意，对他的佩服更深了一层，说："还不知道我们这位县太爷现在怎么着急呢？"众人哄堂大笑，前一天压抑的气氛一扫而光。

袁祖德现在确实很着急，本来上司吴健彰已经贴出了告示，命令解散会党，严申"知情不报者，问罪如律"，相关的公文已经发给他了。袁祖德还想借潘起亮的由头，展示一下自己的能力，可是今天早上还在睡觉，就被抗粮的农民吵醒了。袁祖德还来不及反应，这些人已经砸开了牢门，带走了张汉宾，一阵风似的走了。等他带人出来一看，衙门口站笼里的潘起亮也不翼而飞了。袁祖德气急败坏，立刻把"活阎王"叫来臭骂了一顿，让他去把人抓回来。"活阎王"战战兢兢地说："老爷，我是管大牢的，抓人不归我管。"本来清朝县衙里面的衙役分为三种，也叫三班，这三班就是皂班、壮班、快班，分工各有不同。"活阎王"属于皂班，负责看牢守狱；负责在大堂上站在两旁壮声势的是壮班，负责缉拿犯人的是快班。袁祖德劈头盖脸地说："人跑了要不要你管？给你三天时间，到时候抓不到人，就把你扔到站笼里面，可不要怪老爷翻脸无情。""活阎王"碰了一鼻子灰，只好灰溜溜地下去了。

"活阎王"思来想去，没有办法，只好找来自己在道台衙门地藏庵当乡勇头儿的表弟王长发，一同商量商量。王长发上次和潘起亮打了一架，后来听"活阎王"说潘起亮被扔进站笼里面，正高兴呢，又听说潘起亮跑了，心里也有点害怕。他来到"活阎王"的家里面，看见"活阎王"正躺在烟榻上，端着一杆鸦片烟枪抽。王长发挨着"活阎王"躺下，也抽起了鸦片。两个人吞云吐雾半天，"活阎王"闭目养神养好了，这才和王长发打招呼。

王长发看他脸色不好，便问他："表哥，你怎么了，平时你是何等威风，今天怎么有些晦气？""活阎王"没好气地说："还不是因为你！你非得和潘起亮打一架，本来已经把他们弄进大牢里了，结果昨天来了一群刁民，又把他们劫走了。现在大老爷让我把他们抓回来，我去哪里抓？"王长发尴尬地笑了笑，说："我也没想到他们吃了熊心豹子胆，敢搞个劫狱出来。县老爷也是，这本来不是您的活儿，非得要您去做。""活阎王"说："终日打雁，今日被雁打了眼。你倒是说说，怎么才能逮住小镜子和张汉宾，好向老爷交差。"王长发说这件事情不容易，百龙会一个个都是亡命之徒，足有两三千号人，他两个随便往哪里一躲，就够十五个人找上半个月的。就算把地藏庵的乡勇也加上，也很难找到，更何况上次打了一架后，很多兄弟现在一听到潘起亮的名字就害怕。"活阎王"说那怎么办，县老爷的令谁敢不遵。王长发给"活阎王"又点上一杆鸦片枪，无奈地说："现在只好放长线钓大鱼，总有一天他们会露出马脚的。""活阎王"哼了一声："等到那一天，我已经在站笼里给那些乡下农民当猴看了。"王长发也向"活阎王"诉苦："哥，你不知道，我们的日子现在也不好过。吴道台被青浦和南翔的泥腿子吓破了胆，三天两头地去找洋大人，从西洋买来了洋枪。现在天天操练不说，还要我们到处去抓小刀会的头子。小刀会的头子哪里那么好抓，小刀会不知道有多少人，比百龙会厉害多了。我们比你好不到哪儿去。这件差使本来就是不容易的，小角色不起眼，大角色碰不得。吴道台也是个心狠的角色，风云雷电催得紧，以前的好日子没有了。""活阎王"一听来了精神，他想小刀会的头子毕竟要比杳无踪迹的潘起亮好抓，如果能抓住小刀会的头子，再和衰祖德说潘起亮平时就和小刀会勾搭在一起，虽然没有抓住潘起亮，但是抓住这些人也能交差了。他把这主意和王长发一说，王长发本来担心小刀会人多势大，不敢贸然下手，但是禁不住"活阎王"威逼利诱，又加上吴健彰催得实在紧，他一拍手说："好！舍不得孩子套不着狼，豁出去了。只要能抓住小刀会的头目，不仅能交差，说不定太爷一高兴，还能升官发财。到时候，说不定洋大人还有额外的赏赐。"两个人一边抽鸦片，一边嘀嘀咕咕，商量好了之后，王长发匆匆忙忙地走了。

王长发回到地藏庵，把手底下的乡勇全都派出去了，让他们去酒楼茶肆、城里城外、浦东浦西、大小码头、南北租界各处打探，看看有没有小刀会头领的消息，还真被他们找到了刘丽川的诊所。王长发和"活阎王"合计了一下，小刀会的人虽然多，但是分散在上海各处，只要行动得快，就不会有什么大问题。为了向上面交差，不干也得干了。事不宜迟，他们马上调集县衙的捕快和地藏庵的乡勇，一共几百人，将刘丽川的诊所团团围住。这天刘丽川正好去找李仙云商讨起义的事情，诊所里是小刀会的其他首领，一共有十七个人，其中还包括李咸池。李咸池是福建漳州府龙溪县人，很早就离开家乡做生意，后来到上海做棉花生意。他和刘丽川一起组织了上海的小刀会。当时上海有很多福建人在沙船上做水手，他们几乎都是小刀会的成员。李咸池前些日子到处奔走，联合上海各个会党，商讨共同起义的事情。王长发和"活阎王"抓到李咸池之后，欣喜若狂，把这些人押回了县衙，设下重兵看守。袁祖德看抓住了要犯，笑着对"活阎王"说："要不是本县让你去捉拿潘起亮，你又怎么能抓住小刀会的要犯呢。知道的是你们无能，不知道的，还以为老爷我无能呢！""活阎王"赶紧溜须拍马，说："回老爷的话，我们底下这群伙计，得了老爷的令之后，日夜不敢耽搁，在上海城里城外四处捉拿乱党，很多弟兄连饭都没来得及吃。"袁祖德心里明白，"活阎王"这些人都是在衙门里混了很多年的老油条，便说："你们都辛苦了，等我禀报过道台大人，一定少不了你们的好处。现在要层层把守，要是再跑了犯人，门外的站笼就是给你们预备的！"

刘丽川正在李仙云家里说话，听到消息说李咸池等人被捕了。他们立刻开始商量如何解救。县衙张小毛传过话来说，袁祖德和吴健彰这次抓到李咸池他们之后，十分重视，特别让地藏庵的乡勇也到上海县衙门周围布防，严防像潘起亮那次一样有乡民冲击衙门救人，大牢里面不仅有原来的牢头，还有乡勇轮班看守，防止有人和外面通风报气。刘丽川和李仙云听到之后，深感问题严重，立刻召集小刀会的主要领导开会，开会的地点选在"夷场",也就是租界。这里离英国领事阿礼国的公馆不远,他怎么也想不到自己的公馆附近就有一群小刀会在活动。具体地点就在陈阿林的家里。陈阿林和李仙云一样都是福建人,家里破产失业才到上海卖苦力。他在同乡当中组织了青巾党,平时互帮互助,有困难的时候拔刀相助。因为陈阿林为人重义气,又有主意,办事灵活,被推举为首领。李仙云和他认识之后,认为他是一个难得的人才,把他介绍给了刘丽川。刘丽川和陈阿林彻夜长谈,陈阿林认识到要反抗清政府和外国侵略者,必须团结起来,他率领青巾党加入了小刀会,为起义积极做准备。

刘丽川、李仙云、陈阿林几个人坐在一起,刘丽川首先开口:"看来这次李咸池他们是凶多吉少,袁祖德和吴健彰看守严密,看来上次的办法是行不通了。"陈阿林说:"软的不行就来硬的,实在不行就提前起义。光青巾党的弟兄就有两三千,几百个地藏庵乡勇还不在话下。"李仙云说:"现在还不是时候。来硬的也要想想怎么来合适。这样吧,我们这么办……"刘丽川和陈阿林听了李仙云的主意,都点头称是,两个人分头行动。刘丽川找来张小毛,在他耳边说了几句,张小毛点头称是,下去准备了。

袁祖德抓住李咸池等人之后,原想加紧审讯,抓出更多的小刀会成员来,可是吴健彰派人递过话来,要亲自过衙一起审讯。袁祖德只好等着道台来了再审,他吩咐手下的衙役严加防

1874年上海演奏传统中国乐器的戏曲班子

范，上次被潘起亮跑掉已经让他颜面尽失了，这次绝对不能再出问题。第二天吴健彰一早来到袁祖德的衙门，两个人上了公堂，正准备让衙役带犯人。吴健彰忽然看见公堂的桌案之上有一封信，上面写着：吴健彰、袁祖德亲启。两个人大吃一惊：县衙外面有几百地藏庵乡勇日夜巡逻，衙门里面有"活阎王"带着数十衙役看守，这封信是从哪儿来的？如果送信的人还想要两位大人的脑袋的话，也不是没有可能。吴健彰为了在下属面前维护自己的面子，还是故作镇定，对袁祖德说："把信拆开看看。"袁祖德战战兢兢地把信打开，里面只有一行大字："若不释放李咸池，就难保自己的脑袋"，落款是"小刀会"。吴健彰倒吸了一口凉气，心里想：这些小刀会的人也太嚣张了，居然敢威胁朝廷命官，早晚要造反，应该派兵把他们全部抓起来，严加审讯。问题是现在太平军大军压境，自己虽然对外宣称上海有数万兵勇，已经打了胜仗，朝廷将太平军团团围困，过不了多少时候就可以荡平太平军。可是吴健彰自己清楚，这些话没人相信。现在上海外有太平军，内有小刀会，如果将小刀会逼急了，闹将起来，自己手底下这些人虽然有新买的洋枪，不过是乌合之众，没有一个靠得住的。这些衙役平时欺压一下百姓还可以，让他们和小刀会斗，实在没有胜算。何况现在这封信证明，现在官府内部已经混进来小刀会的人，说取自己的脑袋也不是一句空话，乌纱帽是朝廷的，洋行搜刮来的银子是洋人的，脑袋可是自己的。关键时刻还是保命要紧。虽然如此，吴健彰还想在袁祖德面前维持自己的形象，于是他问："贵县，你看这件事情应该如何办理啊？"袁祖德是茶壶里煮饺子——心里有数，他暗骂吴健彰推卸责任，但又不能明说，只好又把皮球踢了回去："祖德职位低微，见识狭小，还请大人定夺。"两个人推来推去几回，最后还是吴健彰下了决心，给李咸池等人下个判决：查无实据，暂且放出，以观后效。随后将这十七个人放了出来。

革命风云起

　　刘丽川、李仙云、潘起亮、陈阿林和李咸池在陈阿林的家里聚齐。李咸池站起来给大家鞠了一躬，感谢对他的营救。刘丽川说："都是自家的兄弟，不必如此多礼。"陈阿林说："这次便宜了那两个狗官，下次一定要让他们尝尝小刀会小刀的厉害。"几个人都笑起来了。

　　刘丽川说："虽然躲过了这一劫，但是这两个狗官看来已经察觉到什么，我们的起义必须加紧了。"李仙云说："正是，今天找大家来就是要商量这件事情。潘兄弟，你们百龙会的弟兄准备得怎么样了。"潘起亮说："兄弟们已经准备好了武器，购买了足够的红布，将来用红布包头，分辨敌我。就等着大哥的一句话了。"陈阿林说："我们青巾党也准备好了，大家联络了上海各处的车夫和船员，武器也集中起来了，随时可以分发下去。"李仙云说："好，我们在官府的兄弟已经拿到了洋枪，他们随时会把里面的消息传出来，里应外合，一举拿下上海城！"李咸池说："那还等什么，现在咱们就干起来。"正在这时候，外面有人通报说周立春来了。周立春进来一看大家都在，特别看到李咸池更是高兴，说："听说那袁祖德那个狗官将李兄弟抓了进去，我还着急呢，想和刘大哥商量一下，找些兄弟冲进衙门去把李兄弟救出来。没想到一封信就把这两个狗官给吓坏了，乖乖地把李兄弟放了出来。"大家把发动起义的事情告诉了周立春，周立春大声说："这个先锋官一定让我来做，我和乡亲们等这一天等了好久了！"当下几个人商议妥当，排定了发动起义的先后顺序：由周立春率先发难，然后小刀会举起起义大旗，一鼓作气攻入上海县城，捉拿袁祖德和吴健彰。

周立春连夜赶回了乡下，他和女儿周秀英之前赶造了大批刀枪，还搞到了一批洋枪和子弹，又联系了南翔、嘉定一带的罗汉党，罗汉党素来知道周立春是一条好汉，敢于抗粮抗捐，在他的鼓动下，罗汉党也加入了小刀会，听周立春统一调遣。嘉定当地的官府又惊又怕，这几天四处抓人，想要将起义扼杀在萌芽状态。周立春刚回来，就听说今天官府又抓了十几个弟兄。周立春对群情激奋的兄弟们说："大家不要担心，我已经和小刀会的刘大哥他们商量好了，马上起义，救出被捕的弟兄们，打进上海城！"人群中爆发出一阵阵的欢呼声。徐耀说："可算等到这一天了！我们马上召集人马，不知道咱们第一步先打哪里？"周立春斩钉截铁地说："嘉定县城！"

1853年9月5日，酝酿已久的小刀会起义开始了，周立春领导的第二次嘉定起义是小刀会起义的先声。这天傍晚，周立春和徐耀集合了数百名青年农民开始行动。这几百人都是精挑细选的精锐，平时由周秀英操练，都学过刀枪，平时和下乡征粮的衙役们较量过，这些人练得手痒等不及了，今天听说要行动了，一个个摩拳擦掌，都说就等着这一天呢。周立春和徐耀走在队伍最前面，不时有提前出发的侦察人员回报，前方没有发现清兵的踪迹。原来周立春为了不让敌人知道自己真正的进攻方向，早已经放出话来，说青浦知县余龙光当初关押过自己，这次一定要打下青浦县城。一开始的时候，队伍也确实是向着青浦方向走的，可是中途他们悄悄地走上了另一条路，一直向着嘉定城而来。夜晚三更时分，他们已经到达了嘉定城的西门。这时候黑夜沉沉，成了最好的掩护。嘉定城里清兵本来就不多，还有一些已经被调往青浦方向，守城的力量极其薄弱。徐耀之前已经在城里布置了罗汉党的成员，他们和周立春的队伍里应外合，很快就打下了嘉定城。

　　周立春、徐耀占领嘉定城之后，最先做的就是发布安民告示，一方面让城里的老百姓安心，知道起义军不是土匪，另一方面也可以震慑上海周围地方的官府，让他们陷入恐慌之中。

　　安民告示是这样写的：我们这次用武力讨伐暴虐的官府，是为了扫除贪官污吏。这几年来，附近乡村的庄稼经常歉收，可是官府不但不抚恤，而且一再加紧催逼上交钱粮，让老百姓

嘉定起义军图

没有了活路。因此我们不得不奋起反抗，这都是官逼民反。我们占领嘉定城之后，所有原来的赋税和钱粮，全部都不用交了。那些因为交不上钱粮而被关在牢里的农民一律释放，让他们回家去和亲人团聚。对平时骑在人民头上作威作福的贪官污吏，一律严加镇压。我们的队伍和官府的兵不同，凡是有泄露军机、奸淫妇女、造谣生事、私藏逃匿、畏缩不前的行为，一律加以严惩。凡是城中的居民，只要遵纪守法，都不用担心。

起义队伍进入嘉定城之后，面临的第一个问题就是粮食。当时上海周围连续遭受天灾，很多地主、商人屯聚居奇，抬高米价，牟取暴利，不顾人民的死活。周立春他们虽然赶走了嘉定城里清政府的官吏，但是很多米行平时就与官府勾结，官府不放粮，他们卖高价粮。现在那些贪官污吏都受到了镇压，这些米行的老板看风头不好，一个个都关门歇业，继续囤积大批粮食，准备再发一笔财。还有一些土豪劣绅，表面上顺从起义队伍，暗地里与清政府互通款曲。针对这些情况，周立春和徐耀分头行动，周立春带着一队人马，挨个让米行开门营业，不允许他们有哄抬物价的行为，必须保证人民群众能买到粮食吃。徐耀也带领一队人马，挨家挨户地去那些官僚、地主、土豪、恶绅家里面，勒令他们交出过去从人民身上搜刮的不义之财，一下子追出了三十余万两银子。这几种措施，迅速巩固了嘉定的局面，为上海小刀会起义创造了有利的条件。

周立春和徐耀的行动，对清政府在这一地区的统治是一个极大的震撼，让上海人民直接看到了起义的力量。苏州、松江、上海的清朝官员，听到这个消息都坐卧不安，急得像热锅上的蚂蚁了。很多人都在考虑起义军会不会来进攻自己这里，到时候自己该怎么办，可他们没有想到的是，小刀会的行动要比他们想象得还要快。

　　这天晚上，刘丽川和陈阿林、李咸池、潘起亮几个人一起来泉漳会馆找李仙云。几个人一路上就忍不住兴奋地说起嘉定起义的事情，到了泉漳会馆之后，刘丽川对大家介绍了周立春他们那边的情况："周大哥已经秘密派人来和我详细介绍了嘉定城的情况，现在城里的清兵已经全部被肃清了，起义军守住了县城的四门，目前还没有清军来骚扰。他们已经让米行开仓卖米，从贪官污吏手中收回了不少银子作为军费。周大哥请我们立即响应他们，动手打入上海城，成功之后，不但嘉定和上海是我们的，就是苏州、松江、太仓这些重要地方，也都是我们的。这件事情事关重大，大家必须立刻作出决定。"刘丽川几句话说得大家热血沸腾，都说现在不干更待何时。陈阿林说："刘大哥、李大哥，我们应该立刻动手，混进衙门的兄弟们已经学会了打洋枪，随时可以听从调遣。袁祖德和吴健彰这两个狗官，现在一定吓得不知如何是好，我们现在起义，正是天时地利人和。我们打下上海之后，可以和周大哥兵合一处。"几个人纷纷表示同意。刘丽川又问李仙云的意见，李仙云说："大家说得不错，我也觉得现在应该马上动手，只要我们能占领上海，苏州、松江和太仓也会响应。我们要立刻动手，绝不能让官府反应过来。"李咸池说："那我们今天晚上就动手，打他们一个措手不及！"李仙云说："不，今天晚上动手不如明天早上更好。"刘丽川说："难道是因为明天早上的祭祀大典？"李仙云说："正是。明天早上袁祖德会带领着上海城里的大小官员和士绅，在天亮以前去文庙祭祀孔子。我们正好趁这个机会，让兄弟们埋伏在文庙周围，到时候一拥而上，将他们一网打尽。没有了这些人指挥，剩下的乡勇和清兵就是一团散沙了。"刘丽川说："我们一路由陈兄弟带领，直接去文庙围歼这些狗官；另外一路由潘兄弟带领去占领县衙，至于道台衙门……"他话还没说完，李咸池说："我去，这次要让吴健彰这个狗官看看我们小刀会的厉害！"小东门附近由刘丽川负责，到时候打开城门，迎接城外的起义军进城。李仙云带领其他的兄弟作为后备队。几个人商议完了，各自分头准备去了。

1853年9月7日，这一天早上，上海全城的官绅都要去文庙祭祀，这座文庙最早建于元代，几经风雨，已经有五百多年的历史了。每次在此举行的祭祀，都十分隆重。袁祖德昨天一晚都没有睡好，李咸池等人被放了出来，虽然这件事情是吴健彰做主，但将来说不准会把责任推到自己头上。小刀会聚集了这么多人，将来始终会在上海闹出事情来，可是吴健彰不想把事情弄大，不肯现在就出动人马大肆镇压。袁祖德知道吴健彰可

上海老城守备

能还要和洋人们商量。袁祖德心存侥幸，原以为李咸池等人被放出来后会安生一段日子，自己坐在县太爷的椅子上能安稳一点，趁机多搜刮一点银子。昨天晚上袁祖德去找吴健彰商议祭祀的事情，还没说上几句话，外面就有一个衙役跌跌撞撞地冲进来。吴健彰大骂："没用的奴才，没看见老爷们在说话吗，怎么不禀报一声就进来了。"那衙役吓得跪在地上，一连声地说："小的该死，小的有大事禀报。周立春带领几百乡民，本来说要去打青浦县城报仇，没想到他们中途转弯，已经打进了嘉定城，现在嘉定县衙的人都跑光了，牢里的人都被他们放出来了！周立春号称是小刀会的人，手底下的人一个个头缠红布，腰插小刀。还听说他们很快就要打上海了。现在外面谣言四起，都说小刀会要在上海闹事，现在布店里面的红布都被人买光了！"袁祖德和吴健彰一听大吃一惊，两个人都没想到，小刀会动手会这么快。吴健彰咬牙切齿地说："早知道这样，就不应该把李咸池他们放了。"袁祖德说："大人，现在该怎么办啊？说不定乱党已经到了上海了。"

吴健彰说不要慌，现在上海城里有这么多配洋枪的乡勇，实在不行还有几位外国领事可以帮忙，小刀会还掀不起风浪来。话虽这样说，吴健彰还是命令加强城门的守备。袁祖德问："大人，明天的祭祀您看是不是取消？"吴健彰考虑了一下说："不妥，这样的话谣言就更盛了，照常举行，不过我就不去了。"袁祖德心想自己更不能去了，于是就说自己要回衙门召集衙役和乡勇，监督他们打起精神来，明天也不能去文庙了。吴健彰鼓励了他两句，让他回县衙了。

天蒙蒙亮的时候，上海城的官吏和各界的头面人物，都到了文庙准备祭祀，只是少了县令袁祖德和道台吴健彰。这些人的消息比普通百姓更加灵通，都知道了周立春、徐耀占领嘉定城的事情，一个个脸上都是忧心忡忡的表情。今天的上海城，风声鹤唳草木皆兵，很多人都在想祭祀结束之后赶紧回家，还有的想要出城避一避，但是周围不是响应起义的乡村，就是太平军的地盘，想走的也没有地方可去。今天的文庙比平时多了很多乡勇，五步一岗，十步一哨，各拿刀枪，眼睛睁得大大的。

这时候在上海城的小东门外，在草丛芦苇之中，无数扎着红头巾的小刀会兄弟早已埋伏在那里，就等着城里的兄弟打开城门。那时的上海城还不像今天这么大，几座城门外面有一条不宽的护城河。刘丽川带领几百小刀会的兄弟已经控制了小东门，看看时辰差不多了，他向城外吹了几声口哨。清晨四下无声，这几声清脆的口哨传出去很远，城外的兄弟们一听，纷纷从隐蔽的地方出来，一鼓作气冲进城来。刘丽川在小东门整理了一下队伍，留下几十个弟兄看守城门，有什么问题随时报告。其他人按照原来计划好的，兵分几路，一路由潘起亮率领，直奔袁祖德的县衙；一路由李咸池率领，直奔吴健彰的道台衙门；另外一路跟着陈阿林、刘丽川，往文庙的方向而来。这个时候，道路两旁的商店都还没有开门，大街静悄悄的没有人影。只有头顶红巾的小刀会队伍呼啸而过。

陈阿林、刘丽川一路来到文庙，呼啦啦将文庙围了个水泄不通。外围站岗的乡勇本来还想抵抗，陈阿林当头一刀将首领砍翻，其余的人一下就鸟兽散了。刘丽川指挥大家冲进庙门，里面官吏乡绅全都被抓了起来。刘丽川大声喊："我们是小刀会的，投降的免死！"这些人一个个体似筛糠，面如土色，都瘫倒在地上了。刘丽川让陈阿林暂时将他们关押在后院，指挥小刀会的兄弟将文庙变成了临时的指挥所，派出人手探听其他几路人马的消息。

潘起亮带的人马多是百龙会的兄弟，潘起亮对县衙门轻车熟路，冲在队伍的最前面，脚步飞快地穿大街走小巷，不大一会儿，已经到了县衙门前。现在时候还早，而且县衙原来的衙役不少都被抽调到文庙去了。张小毛在门口等候，一看潘起亮来了，低声对他说："潘大哥，来得好，那狗官就在里面。"潘起亮先安排人将县衙团团围住，前后大门派人看守，这一次绝不让袁祖德跑掉。然后，潘起亮带领一百精壮的汉子，冲入大门，将门内几个老弱的衙役和轿夫、下人控制了起来；再冲入第二道门、第三道门，一直冲入内衙。袁祖德早上起来，正在思索如何应对小刀会的威胁，是不是也应该像吴健彰一样和洋人勾搭起来，才能保住自己的乌纱帽。后来听到门外有嘈杂的脚步声，他正想叫人来问一问，忽然门开了，几十个人冲了进来，为首的正是前几天自己扔在站笼里面的潘起亮。袁祖德吓得心惊肉跳，旁边的随从还没弄明白是怎么回事，大叫："怎么回事，为什么擅自闯进县衙，不要命了吗？"潘起亮笑着说："现在是我们小刀会的天下，你的老爷还没说话，你这狗奴才就跳出来了。"袁祖德知道今天凶多吉少，但还要撑一撑场面，对潘起亮说："潘起亮，你之前聚众闹事，本来已经犯了国家的王法，又私自逃走，罪无可赦。今天你带着这么多暴民到县衙。你、你、你要干什么？"潘起亮说："当初我说过，只要姓潘的不死，总有一天会回来找大人的。今天我带领小刀会的兄弟们来了。你这狗官，搜刮民脂民膏，对百姓只会打板子、站站笼。今天小刀会要替天行道。赶紧把你的官印交出来。"袁祖德说："我是朝廷命官，官印绝不能交给你这个乱党。"话还没说完，潘起亮一把抓住他扔到台阶下面，众人一拥而上，结果了袁祖德。潘起亮带领兄弟冲进大牢，把"活阎王"一干人抓了起来，打开牢门，将关押在里面的群众都放了出来，告诉他们现在上海已经是小刀会的天下，叫他们不要怕。大牢里除了穷苦的百姓，就是会党的弟兄，他们听说小刀会已经占领了县衙，都欢呼起来。潘起亮找来县里的帮办、书吏，勒令他们交出印信档案，在县衙不许出去，等候调遣。

与此同时，李咸池率领的人马已经到了道台衙门。道台衙门要比县衙气派许多，高高的围墙外面有巡逻的岗哨，一个个都背着洋枪，在衙门里面还有几门洋炮，盖着炮衣，看上去颇有几分杀气。李咸池派人将道台衙门的前后门都堵住，自己上

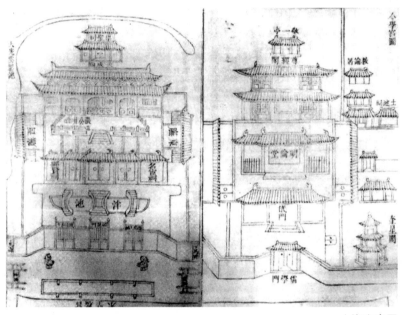

上海文庙图

前去大声说："单刀不过是惊人。"对面巡逻的人也大声说："何不双刀去灭清？"原来这些人都是之前刘丽川安排进入衙门的小刀会兄弟，早已经得到消息，就等着李咸池来了。他们将大门打开，随李咸池一起冲了进去。吴健彰这时候正从里面走出来，一看有这么多头顶红巾手拿刀枪的人冲进来，急得他大喊："开枪！开枪！开炮，赶紧开炮！"可是已经来不及了，李咸池已经带人冲到了吴健彰的面前。吴健彰抬头一看，面前一位身材高大的汉子，头上包裹着红布，手里拿着一把大刀，原来就是自己抓过的李咸池。李咸池也在打量吴健彰：他身穿官服，头戴花翎，整个人虽然没有瘫下去，但是已经吓得抖个不停了。李咸池说："吴道台，你不用担心，我不会杀你。来人啊，把吴道台带到文庙去，交给刘大哥审问。"两个小刀会弟兄过来，架着吴健彰就走。李咸池吩咐人在道台衙门前后搜索一遍，结果在库房里发现了四十多万两银子，李咸池随即将这些银两贴上了封条，等候刘丽川处置。

刘丽川听说抓到了吴健彰，马上命令将他押到文庙的大堂前，那里临时摆了一条公案，刘丽川坐在公案后面，两边站着十几个威风凛凛的小刀会兄弟，一个个头上的红巾鲜艳如火，手里拿着的大刀明光闪闪。吴健彰被拖到公案前面，官服一路上都已经被拖得破破烂烂了，一看现在的架势就知道不妙，虽然想硬气一点，但是已经吓得瑟瑟发抖了，不由自主地把头低下去了，不敢看公案后面坐着的刘丽川，心中暗想："刘丽川果然是小刀会的乱党，可惜原来没有痛下决心将他抓起来，不然也不会有今天这样的下场了，看来上海城已经被他们控制了，自己想要活命只能先假装听话，等待时机，还有一线生路。"刘丽川一拍桌案，大声对下面的道台大人说："吴健彰，你自从来到上海以来，平日贪赃枉法，搜刮民脂民膏，已经犯下了滔天大罪，还要勾结洋人欺压百姓，强拆老百姓的房子和祖坟。我们小刀会的兄弟几次被你抓住，险些送了性命，你自己说，这笔账应该怎样算法？"吴健彰听了这些话，好似天降雷霆，身子不由自主地就软了下去，一句话也说不出来了。刘丽川看他的样子也不禁好笑，本想结果了他，但又考虑到他是上海职位最高的官员，地位重要，留着还有很多作用，于是咳嗽一声，问吴健彰想死还是想活。吴健彰一听刘丽川话里有松动，一下子跪倒在公案前面，头上的花翎也掉了，胸前的朝珠也散了，战战兢兢地说："健彰罪该万死，还请刘将军念在我之前曾经放过小刀会兄弟的分上，饶我一命，吴某人感激不尽。"刘丽川说："如果你想要活命的话，必须替我办几件事情。"吴健彰一边磕头一边说："只要将军饶我不死，莫说几件，便是几十件、几百件，吴某人赴汤蹈火在所不辞，一定效劳，一定效劳。"刘丽川没有说话，低头沉思了一会儿。吴健彰偷眼看着，生怕刘丽川改变主意，急得汗都下来了。

刘丽川说："你身为道台，上海城里所有的衙役、乡勇、兵丁都听你的调遣，所有大小官吏都归你指挥，我现在要你立刻命令他们放下武器，向小刀会投降，不能再有反抗的行为，否则你的脑袋就难保了。告诉你，袁祖德因为不肯交出官印，已经被我们下令处死了。"吴健彰连声答应，不敢有丝毫违抗，心里想："袁祖德虽然比自己官位小，但也毕竟是朝廷命官，小刀会的人连他也敢杀，如果我不合作，恐怕要和袁祖德一个下场了。"这时候刘丽川又说话了："第二件事情，你不仅是道台，还管着海关的税收，所有的税银都由你经手，你必须立刻献出所有税银，才能免去你的死罪。"吴健彰听到"死罪"两个字，连忙一迭连声地说"行，行，就依刘将军的"。刘丽川说："还有一件事情，听说你从美国买了洋枪装备了乡勇，你必须将这些武器都献出来。"吴健彰说："这些枪都放在库房里，还有火炮，连同炮弹和子弹，都在库房里，钥匙在我书房桌子的抽屉里，我可以带着弟兄们去取。"刘丽川说："不必了，只要把具体地方说出来，我们自己会去。"然后他让吴健彰写信给海防署和参镇署的人，让他们放下武器投降，另外派人到道台衙门核对税银和枪炮弹药的数量，全部登记在册，让会用洋枪的兄弟单独编成一队，继续训练。吴健彰等到刘丽川安排妥当，又叩头说："承蒙将军不杀健彰，还望宽大到底，放我出城，我一定好好改过，再不敢与小刀会做对。"刘丽川笑着说："你的命是保住了，但是我不能放你出去，不然你会将这里的情况禀报朝廷，我上午放了你，恐怕下午你就会带着兵将来清剿我们。你就在道台衙门的后院里老老实实待着吧。"说完，就命令几十个小刀会兄弟押着吴健彰回了道台衙门。

这个时候潘起亮、陈阿林、李仙云、李咸池几个人都已经到了文庙会齐，现在天光大亮，大家在文庙的大殿里坐下，一个个兴高采烈。刘丽川听他们汇报，原来上海城里的清朝官吏有的脱掉官服，混进百姓群中逃走了，有的负隅顽抗被小刀会抓起来了，有的不知道躲到哪里去了。现在全城重要的衙门都被小刀会控制了，全部的城门也被小刀会的弟兄把守起来了。潘起亮听说刘丽川把吴健彰关了起来，就说："刘大哥，吴健彰这个狗官勾结洋人，平时欺负我们这些人干的坏事还少吗？他作恶多端，留着也没有什么用处，不如一刀杀了，以绝后患。"刘丽川说吴健彰是个要犯，具体怎么处置还要好好商议，说不定将来是一个重要筹码。李仙云说："这样做确实更稳妥一点，我已经写一份告示，准备张贴到城内各处，让百姓们安心，知道小刀会是不扰民的，让士农工商赶紧出来各安其业。"因为小刀会以"反清复明"为号召，这份告示是以大明国统理政教招讨大元帅刘丽川的名义发出的。告示的主要内容是安抚城内百姓，恢复城内秩序，表示要"安邦定国，安民非所以害民"，还痛斥清朝政府横征暴敛，卖官鬻爵，有钱生，没钱死，衙门就像市场一样买卖，搜刮民脂民膏，官员就像土匪一样。"故此本帅兴仁义之师，为汝驱除，凡尔百姓，各宜安居乐业，勿得畏惧播迁。本帅已严饬部下兵丁，不得取民间一物，不得奸民间一女，违者重究。"

此外，李咸池为平胡大都督，陈阿林是左元帅，潘起亮为飞虎将军等等，大家各自去安顿城内的百姓。除了贴出告示，李仙云还派出了很多弟兄，沿途宣传小刀会的宗旨：小刀会是仁义之师，今天的行动是为民除暴，不取民间一物，不奸民间一女。三年之内，钱粮豁免，税捐停收，城里的百姓也不用跑到城外去躲避。城里的百姓看了告示，听了讲解，看见起义军军纪严明，都心悦诚服，齐声欢呼起来。一时间，上海城又恢复了原来的热闹繁华，出了城的人也都搬了回来。还有不少年轻人也想要加入起义军，陈阿林在豫园里面的点春堂设立了招兵处，当天就招到一千多人，人们都说："东校场，西校场，人强马又壮，要投小刀会，去到点春堂。"

第二天，刘丽川命令潘起亮率人进攻设在外滩的江海关，缴获了藏在那里的许多枪械，附近的群众也冲进了江海关，把里面桌椅板凳、办公设施全部搬走，这个清政府的征税机关就这样被完全捣毁了。与此同时，周立春、徐耀带领嘉定、青浦的起义军来到了上海，增强了上海小刀会的力量。周立春建议刘丽川主动出击，扩大上海起义的影响，刘丽川指挥小刀会从上海、嘉定两路出击，9月9日占领宝山，9月10日占领南汇，9月13日占领川沙，9月17日占领青浦，十几天的时间攻下了六座县城。起义军所到之处，受到人民群众的热烈欢迎，宝山附近罗店镇的群众不仅为起义军提供了大量的粮草和灯烛，还纷

大明國統理正教招討大元帥劉　為　出示安民以靖地方事

照得安邦定國安民非所以害民發政施仁戡亂非所以擾亂城

廟內外毋庸驚遷士農工商各安本業輒事當滅明當復興茲因

童君昏暗污吏貪官殘害庶民殊深可閔本帥應順天人興起義

師剿滅貪官以除殘暴為此特舉義兵先行諭囑部下不得妄取

民間一物不許姦淫婦女凌虐良民如有抗違不遵本帥定當究

治以免寔報之譏特此諭知各宜凜遵特示

天運元年八月初五日示　　　發貼上海大東門

刘丽川布告

065

纷参军，广大农民头包红巾，和小刀会的兄弟一起赶走了宝山知县金咸熙。南汇的百龙会人数众多，起义军进攻南汇的时候，他们立刻起来响应，没有洋枪，没有刀剑，他们就把竹子削尖了，奋不顾身地投入战斗中。在他们的帮助下，起义军顺利占领了南汇。进攻青浦的战斗是周立春亲自领导的。在正式进攻之前，他先派出一部分弟兄化装成进城烧香的香客。此时局势混乱，守城的官兵人心惶惶，对进出城的人也不怎么仔细盘查，给起义军可乘之机。这些人潜伏到南浦城的各个地方，等到周立春从外面一进攻，他们立刻跑到街上，戴上红巾，大叫："小刀会进城了！小刀会进城了！"守城的官兵一听城内有声音，个个心无斗志，纷纷溃逃。周立春令人关闭城门，严防内外勾结，宣传小刀会的政策，打击土豪劣绅。此外宁波和苏州的人民也被发动起来响应上海的起义。宁波的小刀会又称"双刀会"，双刀会集中三千多人进攻宁波县城。苏州的小刀会在夜里燃放鞭炮，一方面庆祝上海起义的胜利，另一方面极大地提振自己的士气。

人民群众轰轰烈烈的革命行动不仅震动了清政府，同时也让在上海的外国人感受颇深。《北华捷报》是英国人在上海创立的英文报刊，时间长，影响大。起义发生之后，它登出一篇文章，从一个英国人的口吻记述了小刀会的起义：

祭祀孔子的重大典礼照旧在昨天早上凌晨三点举行，举行的地点依然是文庙。我和两个朋友准时进城准备参加典礼。当时北门的守卫还算正常。但是我们发现和平时不同，通往各条街道的大门都被打开了，我们对此十分诧异。当时天光还早，路上没有多少行人在走动，这也还算正常。我们走到文庙，看见庙门紧闭，大概等了半个多小时，才有人开门让我们进去。这时候祭台上已经摆好了牛、猪、羊等各种贡品。主祭的人天亮的时候才来。主祭的人和当地的士绅一起照着原来的惯例行礼，所有的典礼程序都完成之后，天色已经大亮了。可是我和朋友还不能走，还得等道台和其他官员，等他们在文庙正中的孔子牌位前面举行祭礼之后，我们才能离开。我问文庙的看门人，他说过一会儿道台大人就要来了。结果还等他们来，外面有人跑进来说，大声嚷着说城里面出乱子了。当时在场的人乱成一团，也不行礼了，看门的赶紧把门关上。我和朋友走到大街上，想要探听一下消息是否确实。到街上一问，有人说有一队拿刀拿枪的人已经进了县衙，听见里面有打斗的声音。我看周围的人似乎对这件事情不是很在意，好像和他们没有太大关系似的。我决定自己到县衙去看看。我和朋友走到四牌楼的时候，遇到一队人马排着整齐的队伍前进，还打着自己的旗子，但是悄无声息，一点也不扰民。大街两旁店铺的门都关得紧紧的，有些人站在窗口向外观望，似乎也不明白到底发生什么事情，脸上什么样的表情都有。我想知道那支队伍和起事有什么关系，就走过去问队伍里的一个人："你们是道台大人的队伍吗？"那人看了看我，用力地摇了摇头，我就明白他的意思了。我看队伍是向文庙去的，就往四牌楼那边走，结果走了没多远，回头一看，身后也跟了一排人。想了一下，我才恍然大悟：道台原本要到文庙去参加典礼，从衙门到文庙有两条路，他们肯定是为了不让道台逃走，所以兵分两路去抓他。

我们从大路第一个拐角走回北门。一到北门，我就看见到处都是血迹，这可能是起事队伍和守城官兵厮杀留下的。不久之后，这个消息就传开了，不少外国人为了一探究竟，从城外进到城里，四处打听消息。没有人管他们，也没人阻拦他们。后来我才知道，那些人一早到了县衙，已经杀死了县官。守卫县衙的士兵没有什么抵抗，很快就投降了。道台后来还是被他们抓住了，于是他们占领道台的衙门，整顿全城的秩序。全城大大小小衙门里面的官员，不是藏起来了，就是跑光了。所有的府库财物都被严密地看管起来了。各个交通要道和要害部门都有他们的士兵看守，等到全城安定下来之后，有人在街上敲锣，让大家不要害怕，要开门做买卖；同时张贴告示，告诉大家他们严禁抢劫，针对的只是清朝的官吏，和百姓无关。一开始没人敢开门做生意，有不少人偷偷溜出城去。后来看到这些人遵守自己的承诺，市面上渐渐安定下来。

从以上叙述可以看出，小刀会起义得到了广大百姓的支持。与此同时，上海小刀会起义给清朝封建统治者的震撼是巨大的，上海以及附近地区，本来就是江南经济最为发达的地区，上海是漕粮海运的起点，上海的关税是清政府围困南京的

"江南大营"军饷的主要来源。同时上海又是外国势力集中盘踞的地方，为英国侵略者代言的《北华捷报》说："上海是江南的灵魂，上海失去了，全省也就此完事了！"这可以说是所有外国侵略者共同的心声，他们绝不会任由革命事态发展。上海小刀会起义胜利，建立起革命政权之后，刘丽川以大元帅的名义，分别写信给驻在上海的英美法等各国领事，要求他们严守中立，不得干预中国政事，否则一定严惩不贷。但是各国领事一个个心怀鬼胎，肯定不会善罢甘休，刘丽川等人也知道这一点。他召集潘起亮、李仙云、李咸池、陈阿林等人商议对策，他们一致同意接受太平天国的领导，当务之急是尽快取得与太平天国的联系。李仙云说："上海起义之后，官府肯定会抽兵来清剿。现在清军一直在围困南京，不能抽调太多的兵力来进攻我们。我们必须尽快与太平天国取得联系，两面夹击，这样才能保证上海和周边各县的安全。"刘丽川说："李大哥说得对，我们必须赶快行动。"起义成功的当天晚上，刘丽川就在临时指挥所文庙发出公告：小刀会的革命政权"与太平王有联系，奉行太平王的法令"。后来刘丽川又正式向驻上海的各国领事、公使宣布：小刀会革命政权是"太平王的部属，在太平王的指挥下一致行动"。刘丽川将自己"大明国统理政教招讨大元帅"改为"太平天国统理政教招讨大元帅"，将上海城头飘扬的旗帜换成太平天国的大旗。与此同时，刘丽川以自己的名义直接向太平天国天王洪秀全写信，详细介绍了上海小刀会起义的具体经过，阐明自己现在已经占领了上海城，并且兵分几路，攻占了几个县城。刘丽川自称是洪秀全的"未受职臣"，希望太平天国迅速派兵来上海，"顺应人民的期望，巩固革命的局势"。

刘丽川写了两封一模一样的信，让两拨兄弟，一拨走水路，一拨走陆路，送往南京。接到刘丽川的信之后，太平天国上下都很振奋。天王洪秀全立刻命令罗大纲赶造皮篷小船数百只，准备冲过清军的大营，直接冲到上海，与小刀会起义军合兵一处。罗大纲是广东揭阳县人，曾经参加过小刀会，在太平天国起义中屡建奇功，前一年还曾经率领水师，冲破清军重兵防守，占领号称"铁打天下第一闸"古苏冲，连续击破了清军的兵营、关卡二十多处，缴获了众多火药和其他大量军用物资，是太平军永安突围战胜利的第一功臣。由罗大纲来支援小刀会是再合适不过了。可惜，在镇江到上海的江面上，清军戒备十分森严，这个计划到最后也没有实现。

上海起义之后，清兵很快就开始对上海县城进行围攻。当时在上海的外国人能够近距离地观察这场战斗，他们怀着好奇心对当时战场的情况多有记载，他们对小刀会战士们表现出的奋不顾身的勇气大加赞赏，认为从中可以看到中国人的精神和性格，对小刀会细致的备战工作也作了记述，对战士们因陋就简、积极备战的事迹感到惊奇。

小刀会战士最引人注目就是头上缠绕的红色头巾，他们受到太平天国起义的影响，以推翻清朝统治为号召，所以他们把自己的头发盘成发髻，用头巾裹上。由于上海有很多外国人，耳濡目染之下，有的小刀会战士衣服上有了口袋和带子，有的人穿皮鞋，有的人戴外国样式的手套。像陈阿林就穿着英国式的皮鞋和袜子。在战场上，为了作战需要，小刀会的战士们会在自己的衣服里面，套上几层厚厚的丝绵，这样的话，老式来复枪的子弹就打不穿了。有的战士在整整一天的激烈战斗之后发现自己的衣服里面有好几颗子弹，这些子弹都被厚厚的丝绵紧紧地缠绕住了，连皮也没有碰破。这种土办法聪明地利用了子弹的旋转。来复枪的子弹打到衣服里面之后，仍然在丝绵里面不停地旋转，这样的话就会缠绕上越来越多的丝绵，没有了速度，根本打不到身上。小刀会的战士们还发现，这种方法在一百米以内更为有效，距离太远了就不好用了，他们琢磨了一下，原因可能是开枪的距离太远之后，子弹打到身上已经不怎么旋转了，也就不会缠绕上更多的丝绵，而是直接穿透过去，反而会造成更大的杀伤。

当时清朝军队对上海城施加重重军事压力。清军在上海县城的西北建造了一座高高的炮台，离城墙也不过一百步远。利用这座炮台，清军经常开炮对小刀会防守的城墙进行炮击，每一次都炮声震天，每一次都要发射出几十枚炮弹。小刀会的战士坚守在城墙上一步不退。上海县城的城墙是十分坚固的，由砖砌成，城墙后面是一道土堤，要比城墙高上不少，土堤上

THE
North-China Herald
AND
SUPREME COURT & CONSULAR GAZETTE.

Vol. LXVII., No. 1779.   SHANGHAI, SEPTEMBER 11, 1901.   Price, Tls. 12 ₩ An.

CONTENTS.

Miscellaneous Intelligence.

The "North China Herald" is partly
set up by the Linotype Composing
Machine.

The North-China Herald.

IMPARTIAL NOT NEUTRAL.

SHANGHAI, WEDNESDAY, SEPT. 11, 1901.

CHEAPER TELEGRAPHING.

II.

WHEN a sovereign or other important personage disappears from the scene, it is only by degrees that those who are left behind realise the full extent of their loss. It is only now, eight months afterwards, that we learn that to the lamented death of Queen Victoria in January last we owe the maintenance for another year of the exorbitant rates charged by the Joint Cable Companies for telegrams between Shanghai and Europe and the United States. The Inter-national Telegraphic Conference was to have been held in London last spring; at that Conference the telegraphic rates to and from the Far East would certainly have been reduced; but in consequence of Queen Victoria's death it was postponed to February 1902. And so it was that the death of the good Queen imposed an enormous and unnecessary fine on all residents in the Far East and their correspondents in the West for the benefit of two Telegraph Companies.

Turning back to the reports of the Shanghai General Chamber of Commerce, it will be found that in June 1899, more than two years ago, the Colombo Chamber of Commerce called on all the Chambers in the East to take combined action in order to secure a reduction of the cost of cable messages. After some correspondence between the Hongkong and Shanghai Chambers, the former on the 8th of October 1899 sent to the latter a set of resolutions unanimously adopted by the Hongkong Chamber, begging the Shanghai Chamber to assist it in getting the rates reduced. The resolutions are interesting enough to bear reprinting :—

" 1.—This Committee, having carefully considered the cost of telegraphy and the rates charged between the Far East and Europe, are strongly of opinion that the existing tariff is needlessly high, and tends to prevent that expansion of business which, with greater facilities of communication, would inevitably take place.

" 2.—The rate charged between London and Hongkong is relatively much higher than that ruling for many other countries, as the following figures will show :—

Country.	Distance (miles).	Tariff.	
		s.	d.
South Australia ...	12,000	4	9
Hongkong	9,800	5	6
Cyprus	3,000		5½
Malta	2,280		4
San Francisco ...	6,000	1	6

" This list does not exhaust the comparisons, but those given will suffice to indicate the very great differences existing. Thus, while South Australia is more than 2,000 miles further distant from London than Hongkong, the rate thither is 9d. per word less, while Cyprus, which is nearly one-third the distance from England, enjoys a rate about

《北华捷报》

072

是一条大路，小刀会战士可以顺着这条路迅速赶到战场。城墙上有不少射击孔，可以向外射击，因此清兵轻易不敢靠近。除了城墙上的火力点，城墙外侧的护城河也加强了城墙的防御力量。护城河之外是一大片平地，没有什么可以供清兵利用的掩体，只有少数低矮的坟头和小丘。所以怕死的清军只能躲在炮台上放炮。

有的时候，在军官的逼迫下，清兵采取挖地道的方式进攻，企图接近城墙，在墙根埋设地雷，把城墙炸开一个口子。因为这里的海拔不高，地下水的水位也比较高，挖一段时间很容易就挖出水来，很难继续挖下去。清兵从护城河底下挖掘地道，如果渗水，就先把地道里的积水引到挖好的井里，再用水泵把井里的水抽出去，然后再继续挖地道。他们用这种方法挖了不少地道，但是很快就被小刀会的人发现了。小刀会战士们先是不动声色，然后针锋相对地做好准备：他们往城墙上运送了大量的水，找准坑道的位置灌下去，一下子就把坑道给破坏了。虽然有这样巧妙的办法，但是清军的数量毕竟数倍于小刀会的守军，还是有几次地雷被引爆了，城墙被炸开了不少豁口。清军组织了几队士兵发起冲锋，可是面对小刀会的英勇奋战，清兵纷纷往回跑，留在后面的士兵居然把架在护城河上的桥抽走了，全不顾城墙一侧还有自己人。小刀会的战士们一鼓作气把敌人消灭在护城河和城墙之间。

还有一次，南边的城墙被炸开了一个大口子，那一刹那，漫天飞起了砖块和泥土，尘土散去之后，露出了一条通路。清兵以为这一次能够攻进城去，结果小刀会迅速组织起来，首先打退了清军的进攻，随后在原来内墙里面又筑起了一道墙，和原来的城墙一样高，甚至更高。当清军再次进攻的时候，他们先是战战兢兢地通过了原来城墙的缺口，后来发现一个人都没有，结果从对面的土堤上倾泻下一阵猛烈的枪弹，一下就把他们给打蒙了。清兵这才发现又被小刀会的人占了先机。他们不甘心失败，于是多次发起新的冲锋，每一次都无功而返。等清兵疲惫不堪，停止进攻的时候，小刀会就抓紧时间，在城头火力的掩护下重建原来的城墙，让清军之前的战果前功尽弃。

除了重建城墙，利用战斗的间歇，小刀会还利用一切手段，加强城头的防御，他们集中一切能找到的人手，在城墙周围还有其他防御工事的前面，抓紧挖了许多陷坑。这些陷阱有的大有的小，大的能装下好几个人，每个陷阱底下都钉上了许多锋利的竹钉，最可怕的是陷阱里的竹钉还涂上毒液。在城墙之内，小刀会也布置了巧妙的防御工事，就是内墙里面一排排的房子。这些靠近内墙的房子，墙壁上凿了射击用的射孔，射孔外边贴上一张白纸进行伪装。万一敌人进攻到这里，小刀会的人就从射孔里射击，一打一个准；因为白纸和墙壁的颜色差不多，所以当小刀会的人把枪抽回去的时候，进攻的清军分不清楚哪里是射孔，哪里是墙壁，找不到射击的人，也不知道该往哪里射击。

小刀会的胜利，是在十分艰苦的条件下取得的。他们使用的武器是五花八门的，有毛瑟枪、火绳枪、骑兵手枪、连发手枪；有的人手里拿的是老式的来复枪，上面还装着刺刀，像一把锋利的匕首。小刀会很难获得充足的枪支弹药，不像清军那样能得到源源不断的供给，战士们就发挥自己的聪明才智，利用各种土方法制造枪弹。小刀会用来制作子弹的模子，十分简陋，但很有效。那是用两块砖头，将砖头的一面磨平，掏出两个凹槽，再刻出一道柱槽。一个人把两块砖紧紧地合在一起，另一个人把铅融化了，顺着柱槽灌进去，等到铅液凝固了，将两块砖分开，两颗子弹就做好了。光有子弹还不行，还需要有火药，制造火药需要有硝石，有人发明了从砖块里提取硝石的方法，解决了这个大难题。除了子弹和硝石之外，小刀会的人还想方设法自己制造炮弹。他们的铸铁技术不过关，只能采取和做子弹类似的方法，用铜或铅为原料，先做出一半，最后焊接在一起，就成了一个圆形炮弹。小刀会的战士们就是用这样原始简陋的弹药，和武装到牙齿的敌人做反复的搏斗。

清军一次次进攻城墙失败之后，又想出别的办法。他们发现光有炮台还不能对小刀会造成致命的打击，于是他们想出了新的办法：首先在清军大营里面搭起众多的高台，天天在高台上训练，作为攻城的准备。这些台子比原来的炮台更为高大，差不多和城墙一样高，而且可以拆分后移动再重组起来的。清军准备训练完毕，就利用这些高台向守卫城墙的进攻。可惜这些清兵往往只是在高台上挥舞一下刀枪，就算训练完毕。小刀会的战士们并不是一味被动挨打，也会抓住机会主动出击，他们每次出击的人数不多，最多不过两三百人，但是组织性和纪律性都很强，令行禁止，能够快速地给敌人狠狠一击，然后安全地撤回城内。清军的反应速度就要慢上很多，很多时候，小刀会已经摧毁了几处营盘，他们才集结起来，在当官的驱使下，心不甘情不愿地进行反击。后来他们干脆学小刀会的做法，在营盘周围挖了不少陷阱，在人数占据绝对优势的情况下，还缩在营盘里不出来。至于在营盘里面高台上的训练，看来一时半会儿也没有用武之地了。小刀会战士即使在撤退的时候，也体现出十分的勇气。他们虽然只有几百人，却常常要面对上千人的进攻，为了安全地撤回到城墙之上，小刀会有自己独特的战斗方式。出击的小刀会部队会派出两名最出色的战士，一个人穿红色衣服，一个人穿蓝色的衣服，一个在全军的最左边，一个在全军的最右边，两个人都戴着小刀会的红色头巾，即使在硝烟弥漫的战场上，也显得英姿勃勃。这样的打扮让两人在战场上非常醒目，敌人一眼就能看见他们。不仅如此，他们还会故意站到容易被看见的地方，挥动手中的旗帜，不惜把自己完全暴露在敌人的枪口之下，这种情况下，他们会以无比的勇气吸引大部分的火力。与此同时，小刀会的其他战士要竭尽所能隐蔽自己，同时不断地向敌人射击。两三百人行动整齐得像是一个人，迅速地从战场撤离。

抗击清军斗洋人

刘丽川就任大元帅以后，每天早晨都会和各处弟兄一起在文庙议事，商量当前的形势，上海城的各种情况，研究向各地出兵的计划，探讨与太平天国的联系，以及如何恢复百姓的生活，加紧军事训练。总之，关于起义的各种大事，大家都要在一起群策群力地讨论，然后发布命令，让各地小刀会的弟兄知晓，迅速执行。这一天，刘丽川、潘起亮、李咸池、陈阿林、李仙云等又在文庙开会。商讨完日常的事务，陈阿林有话要说，他对坐在公案后面的刘丽川说："我心里一直有一件事情放不下，总觉得不说出来难受，今天想要讲出来，要请大哥决定。"刘丽川忙问："是哪件大事？快讲出来。我们小刀会的弟兄一起商量，没有什么不好说的。"陈阿林说："吴健彰这个狗官，大哥饶他不死，关进了原来的道台衙门。我安排了几十个兄弟日夜看守他，一刻也不曾放松。他自从被关起来之后，惶惶不可终日，三番两次求情讨饶，说他已经下定决心改

代表美国与中国签订《望厦条约》的凯莱布·顾盛

过自新，还说，愿意和我们歃血为盟，永不背叛。一开始是和我说，后来见到谁和谁说，连送饭的兄弟也要说上一遍。说的话越来越软，还说只要放了他，他就远走高飞，再也不做官了。请问大哥如何处置这个人？"刘丽川笑着说："原来是这件事情，兄弟不用担心。这个人老奸巨猾，不是省油的灯，他的话是不能相信的。吴健彰作恶多端，害得不少百姓流离失所，本来兄弟们都想要把他处决了。但是现在我们已经是太平天国的人了，凡事不可鲁莽。我看暂时把他软禁在道台衙门的后花园里，等天王有了回信，对他再作处置也不晚。"陈阿林说："大哥说的是，只是这狗官诡计多端。万一给他逃走，必定是后患无穷。留着也没有多大用处，还是请大哥把他斩了，这样一了百了，也免得每天听他啰嗦。"刘丽川说："你考虑的也有道理。只是我们之前已经答应不杀他，不能言而无信。如今把他软禁在道台衙门里，想必他也不能插翅飞上天去。我们还有很多事情要做，暂时也顾不上他。"陈阿林听完，觉得也有道理，也就不再坚持自己的意见了。

刘丽川说："我们现在已经攻占了青浦、南汇、宝山等地，现在周边最重要的地方就是太仓。我们必须占领太仓，太仓在军事上有重要的意义。太仓城向西通往苏州，向东可以支援嘉定城。如果我们能一举拿下太仓城，现在官府的力量还没有完全集中起来，我们完全可以集中力量守住太仓，这样的话直接就可以威胁苏州。"李仙云说："确实如此，太仓十分关

小刀会腰凭

081

键。拿下太仓，就有很大可能拿下苏州。苏州小刀会的弟兄已经闹起来了，如果我们派出一支队伍进攻苏州，和他们里应外合，一定能把这颗钉子拔掉。没有了苏州，官府在苏南就没有了立足之地。到那时候，我们可以联合太平天国大军，夹攻江南大营，让他们知道知道小刀会的厉害。"刘丽川说："对，太仓进可攻、退可守。它是嘉定的屏障，太仓在我们手里，不仅可以巩固嘉定，还可以把青浦、南汇、宝山等地连在一起，起到互相支援、互相帮助的作用。"潘起亮说："大哥说得对，太仓一定要拿下来。我愿意带领一支人马前去打太仓。"刘丽川说："好，有潘兄弟，拿下太仓就大有希望了。"当下他们又商量了人马、武器、粮草等准备工作，由潘起亮带领三千人的队伍，向太仓进攻。李仙云负责联系之前潜伏进太仓乡勇的弟兄，到时候里应外合，配合潘起亮。

刘丽川等人如何安排暂且不说，上海小刀会成功起义，青浦等地成功起义，这些消息很快就传播开来，江南各地人心振奋，贫苦的百姓个个奔走相告，都说小刀会给穷人出了一口气，欢欣鼓舞，有胆大的，还说自己的家乡什么时候也能像上海那样，把贪官污吏都抓起来。这个时候有两个人，看见小刀会起义军这股浩大声势，不由得内心大为震动。这两个人一个是驻在苏州的两江总督怡良，一个是驻上海的美国公使马沙利。怡良是清政府派在江南的最高长官。自从太平军取了南京，改名天京，作为太平天国的首都以来，怡良一直寝食不安，唯恐朝廷怪罪下来。现在一波未平一波又起，上海、青浦、宝山等地的小刀会起义如火如荼，怡良更加惊慌失措，可是他手头的力量本来对付太平天国已经捉襟见肘，再也没有多余的军队去剿灭小刀会了。于是怡良立刻发出八百里告急文书，派专人到北京送给咸丰皇帝，请求朝廷火速调遣兵将，剿灭上海的乱党。除了怡良，还有一个人也十分揪心，那就是美国公使马沙利。如果说怡良担心的是自己办事不力，不仅没有剿灭太平天国，而且后院起火，清政府在上海的统治也岌岌可危的话，那马沙利主要是担心被关在道台衙门里面的吴健彰。原来，从上海小刀会起义胜利的第一天起，各国在上海的势力就密切注视着事态的发展。他们利用传教士和其他消息渠道，时刻关注着小刀会的行动。马沙利得到吴健彰还没有死的确切消息之后，松了一口气，但是吴健彰被关起来了，又让马沙利急得心神不宁，坐立不安。马沙利是美国领事，为什么这么关心上海道台的存亡呢？原来吴健彰虽然是清政府驻上海的苏松太兵备道，但更一直是外国侵略者，特别是美国侵略者的走狗。于是小刀会通过武装起义占领上海县城以后，第一个对上海人民新建立的革命政权进行无理干涉的外国列强就是美国。美国侵略者采取的干涉方式，首先就是要求起义军释放吴健彰。前面已经说过，吴健彰的兄弟本来就是洋行买办出身，他自己与洋行的关系也十分密切。当时的洋行不仅仅是单纯的经济机构，更是各国在中国设立的经济侵略机构，它们往往在各个通商口岸都设有分号，经营着走私货物、贩卖鸦片等生意，通过种种方式从中国掳去无数白银。吴健彰做了道台之后，更是不断包庇洋行势力，共同剥削劳苦大众的血汗。现在他被抓起来了，外国势力没有了本地的奴才，当然要着急了。马沙利本来想和英国领事阿礼国、法国领事爱棠商量一下，就拿江海关被捣毁的事件共同向小刀会施压。但是阿礼国和爱棠以形势未定为理由回绝了他。原来吴健彰最依仗的还是美国人，他的洋枪洋炮也是从美国人那里买的，所以现在阿礼国和爱棠不想为他出头，还要观望一阵。这种情况下马沙利只好自己动手，从公使、领事到"传教士"，所有的力量都被他动员起来，这不是在救吴健彰，而是企图保住这条长期豢养的忠实走狗，通过他进一步勾结清政府，一方面镇压上海人民的起义，另一方以此为筹码，和清政府讨价还价，不断巩固和扩大自己在上海的利益。

马沙利想了一下，让人把美国传教士晏玛太叫到自己的房间，晏玛太出生在美国北卡罗来纳州，当时三十多岁，精明能干。晏玛太来到上海已经五六年了，所以他虽然是个美国人，却非常了解上海的情况，对目前上海各方势力都很熟悉。他能说一口流利的上海话，平时在上海四处奔走，也兼做翻译。从晏玛太那里，马沙利得到过不少政治、经济和军事方面的情报。晏玛太不仅认识吴健彰，而且和他的关系还不错。马沙利觉得晏玛太是救出吴健彰的合适人选。晏玛太到了之后，马沙利和他开门见山地说："想必你已经知道了我们共同的朋友吴健彰道台的遭遇了，他已经被那些乱党关进了自己的衙门，失去了人身自由。不知道你有没有什么办法能够把他救出来。你知道，他对我们的事业是很有帮助的，同时也是中国政府的正式代表，在目前的处境下，我们不能不想些办法帮助他。"晏玛太表示完全同意马沙利的观点，他沉思了一会儿，向马沙利提出了三种方法：第一种方法是"硬进硬出"，就是采用强硬的手段，从军舰上调二百名水兵，让一个军官带到城里，直接向刘丽川要人，如果不给，就采取军事行动；第二个叫"软进软出"，由马沙利出面写一封信，晏玛太带着去见刘丽川，表示对他们的行动严守中立，请他看在美国人的面子上释放吴健彰；第三个叫"巧进巧出"，在没有其他办法的情况下，设法骗过负责看守的小刀会人员，想办法将吴健彰从被关押的衙门里面救出来。马沙利一想，觉得现在还不是采取强硬军事手段的时候，这样做也容易引起英法两国的猜疑，后两种办法还可以尝试一下。他立刻写了一封信，让晏玛太亲自去一趟文庙，见机行事，想办法说服刘丽川释放吴健彰。

晏玛太立刻动身，一边走一边在想见了刘丽川应该怎么应付，他进了城，直接来到文庙求见刘丽川。刘丽川听到禀告之后，想了一下，他是知道晏玛太的，也见过几面，明白这个人不简单。现在的局势下，各国势力对小刀会的行动还没有表示鲜明的态度，还是不要将晏玛太拒之门外。于是刘丽川传令让晏玛太进来。晏玛太进门之后，恭恭敬敬地呈上了马沙利的信，说："刘将军，美国领事马沙利向您问好。他托我给您带了一封信，希望您看后能给个答复。"刘丽川接过信来打开看了一看，信上为吴健彰求情，希望刘丽川能释放他。刘丽川看完之后，看了看晏玛太，说："这件事情，贵国领事不得干预。吴健彰是小刀会和太平天国要犯，不能随便释放，将来对他如何处置，我们自会遵照天王意旨处理，贵国领事就不用多操心了。本大元帅在前几天已经通知各国领事，要各国严守中立，不得干预中国政事。而我起义军则承诺保证外国侨民生命财产的安全和行动自由。请你向马沙利面前重申我的意思，这封信你带回去吧。"晏玛太见刘丽川一口拒绝，也不好再说什么，他慢吞吞地拿回了信，心里想好了该怎么办，装作自言自语的样子说："可怜的吴道台，我的朋友，我和马沙利领事已经尽了最大的努力，可还是救不了你。"说罢抬起头来，装出悲天悯人的样子，对刘丽川说："刘将军不答应我们保释吴道台，那我是不是可以提个要求？"刘丽川说："有什么话你说吧。"晏玛太说："我和吴道台也算认识一场，能不能让我和吴道台见上一面。要不然，恐怕以后我也见不到他了。如果将军能答应的话，那我感激不尽，回去对马沙利领事也能够交差了。"刘丽川想了一下，不好连这个要求也拒绝，只好派人把他送到道台衙门去见吴健彰。

吴健彰就被囚禁在道台衙门的后花园里，小小的花园却造

咸丰皇帝像

得十分精致。园里有个敬素堂，原是吴健彰会见客人的地方，如今成了羁押囚犯的牢房。吴健彰每天在这里得不到外界的消息，又担心哪一天被小刀会处决，过得惶惶不可终日。这时候，吴健彰正坐在敬素堂里长吁短叹，忽然看见一个看守带着一个洋人进来。这个洋人不是别人，正是自己认识的晏玛太。吴健彰一看晏玛太，立刻就精神起来了，差点就扑上去让晏玛太救自己走。晏玛太退后一步，使个眼色道："吴道台，我是特地来看你的，顺便为你带来了老朋友马沙利的问候。"吴健彰连忙请晏玛太坐下，晏玛太看他已经不是原来穿着官服、戴着官帽，坐在大堂上威风凛凛的样子了，现在穿着便衣，两眼无神，精神萎靡，知道他在这里朝不保夕。

晏玛太先是用汉语和他说了两句不相干的话，然后又改用英语和吴健彰说话。晏玛太曾经多次来过道台衙门的后花园，对这个地方十分熟悉。之前晏玛太应吴健彰邀请，到后花园饮酒赏月。他看到围墙脚上有个小小的洞口，还问吴健彰是干什么用的。吴健彰笑着说那是狗洞。晏玛太今天进入园内，又看见了那个狗洞，牢牢记在心里，已经想好了要怎么救吴健彰，就要在这个狗洞上打主意。他用英语轻轻对吴健彰说："吴道台，今天晚上月亮升起之后，你在园里狗洞旁等着。听得外面有三声口哨响，就换上利索的衣服从狗洞爬出来。"吴健彰为难地说："小刀会的人看管得很紧，恐怕到了洞外，也不容易脱身，这可如何是好？"晏玛太说："吴道台尽管放心，一切有我安排，只要你按时出现。"晏玛太又改回汉语说了两句不相干的话，就告辞出园。吴健彰眼望着他走了，自己却不能跟着一起走，在这里坐立不安起来。吴健彰不时走到院子里，一方面看天色，一方面观察那个狗洞，那太阳偏迟迟不肯落山。

晏玛太回去之后找来几个在洋行工作的年轻职员，让他们扮成轿夫的样子，备下两顶轿子，暗暗等着。等到天色渐渐暗了下来，晏玛太自己坐了一顶轿子，另一顶轿子跟在后面。他们兜着远路，绕了个大圈子，来到了道台衙门后面。这时候天色已经完全黑下来了。店铺早已经关门，小刀会的弟兄们还没有开始巡逻，街上静悄悄的，没有什么动静。晏玛太下了轿子，拿着一个小包裹，走到狗洞旁边，轻轻吹了三声口哨。狗洞那头的吴健彰早已经等得心急如焚，听到口哨声，立刻就从狗洞里面钻了出来。晏玛太打开包裹，将里面的衣服拿出来让吴健彰换上。晏玛太和吴健彰各自钻进轿子，静悄悄地往城外走。现在城门都已经关闭了，没有可以出城的地方。晏玛太指挥轿夫将轿子抬到北城一个僻静的地方，两个人下了轿子，用一根几丈长的绳索紧紧缚住城上的垛口，让吴健彰抓住绳索，安然顺下城去。出城之后，还有十几个人在那里等着护送，晏玛太亲自把吴健彰送进租界，来到美国旗昌洋行。

马沙利早已经等在那里了，吴健彰见了马沙利，一时感激涕零，如同见了亲人，不知怎样表示谢意才好。晏玛太在一边安慰他说："领事先生和吴道台是老朋友，这是领事先生该做的事情，吴道台不用太过在意。如今头一桩要紧的事情，倒是先要恢复道台大人的权力，才能像以前一样办事。只是贵国政府还不知道台的情况，不知道台大人想要怎么办？"马沙利也问吴健彰上海小刀会的情况准备如何处置。吴健彰说："两位不用担心，被关在衙门这几天我也在想对策。上海是个水陆码头，要早日消灭乱党，必须水陆两路一起进攻。我马上飞报南京城外江南大营，告诉他们我的情况，请钦差大臣向荣火速派兵来剿灭小刀会。再请马沙利先生代租两艘美国兵舰，从黄浦江上袭击上海的城门。这样两面夹攻，上海县城一定可以尽快收复。只要打跑了小刀会的乱党，我重回道台衙门，我们又可以放手做生意赚钱了。"马沙利说："水陆并进的办法很好。我一定帮你借来兵舰，好从黄浦江上攻城。不过向荣的兵马虽多，他受太平军牵制，并不是立刻就能到的。"吴健彰说："除了向江南大营求救，我还准备回一趟广东，从那里招募一些乡勇、雇佣一些拖船回来参战，到时候请马沙利先生以及各国领事多多支持。"马沙利说："吴道台的一切行动我们美国人都是支持的。我听说你有一艘洋船，就停泊在上海县城北边的河道中。小刀会的乱党本来要去接受，不过我们已经抢先一步，指挥我们的水兵先把船上的枪支弹药带走了。这一批枪支弹药先存放在我们美国人这里，等你回到上海之后，马上就还给你，让你可以用来镇压小刀会的这些乱党！"吴健彰大喜，和晏玛太、马沙利又商议重新设立海关的事情。这是马沙利最关心的事情，他本想让自己控制的吴健彰重新设立一座海关，但是之前几次商议，爱棠和阿礼国都不同意，一定要三国共同设立海关。阿礼国说："小刀会这些乱党虽然已经占领了上海城，但是也成不了什么大气候，我们三国可以通知他们，不许他们进入租界一步，这样我们在华的利益也就能够得到保证了。"爱棠也说："只有我们共同设立海关，才能逼得清政府让步，割让更多的权益给我们。"

那马沙利正要吴健彰设立临时海关、整理税务，想不到阿礼国和爱棠从中作梗，他也感到很难办。晏玛太最善于察言观色，他听马沙利话里涉及阿礼国和爱棠，知道这两个人肯定有自己的打算，他和马沙利到隔壁房间详谈之后，思索一阵后说："领事先生可别忘了那句俗语'十鸟在林，不如一鸟在手'。您要吴健彰设立新海关，英、法两国领事是否同意，还很难下结论，毕竟他们两国在上海也有很多洋行，每年的银子也不少。林子里的鸟虽然很诱人，究竟还在天空里飞。阿礼国邀请您一同自立海关，倒是可以牢牢抓在手里的鸟。我们要是不答应，让英法两国另起炉灶，霸占了关务，对美国的利益是很不利的。所以还要请您仔细思考，是不是要和英法两国合作。"马沙利听了这一番话，大笑着说："晏玛太，你真不愧是一位智者！不是你提醒我，几乎误了大事。只是那吴健彰的事情该怎么办？"晏玛太说："领事先生不是要帮他借兵舰打小刀会吗？等他赶走了城里城外的小刀会，上海这个港口，还不是仍然掌握在我们手里！"晏玛太短短几句话，说得马沙利心花怒放。于是他回到房间告诉吴健彰赶快去催南京发兵，设立海关的事，等收复了上海县城再作打算。吴健彰见马沙利改变了主意，也不敢多问什么，只得派专人带着告急文书，去江南大营讨救兵去了。此时此刻，外国侵略者关心的不是为吴健彰夺回政权，而是上海的关税条件还不合他们的胃口。

　　吴健彰逃出道台衙门之后，第二天早上小刀会的兄弟才发现，立刻报到元帅府。刘丽川紧急召见各个头领商议对策。陈阿林提议传令六门，让守城的兄弟严加防守，免得让吴健彰跑了。李仙云说恐怕他已经跑了，今天早上的《北华捷报》说美国方面又提议，如果将道台带出县城，美国领事馆愿负保护之责，刘丽川将军当时就拒绝了这一提议。很明显，这是美国人的障眼法，他们已经将吴健彰救走了。刘丽川点头说："李大哥分析得很对。一定是美国领事马沙利派晏玛太来做说客，晏玛太没有成功，这才想办法偷偷救走了吴健彰。真是太可恶了！"陈阿林说："洋鬼子不跟我们讲道理，我们也不用对他们客气。请大哥马上派几百弟兄，直接冲进租界，向马沙利讨回吴健彰。"刘丽川说："去天京送信的弟兄，至今还没有带回来消息。要对付洋鬼子，必须联合太平天国的大军方能成功。我们现在不能轻举妄动，一方面再等等南京的消息，另一方面向马沙利提出抗议，看他如何答复。"大家商议已定，刘丽川以自己的名义给美、英、法、葡萄牙、普鲁士等国家驻扎在上海的领事发去了公函，公函里刘丽川义正词严地指斥美国侵略者公开与革命政权为敌的行为，他说现在上海城的防御坚固，兵精粮足，无论美国侵略者有什么样的干涉行为，都是不足为惧的，即使美国侵略者亲自上阵，对上海城进行围攻，强大的太平天国也绝不会坐视不救、袖手旁观，必将和小刀会一起，进行坚决的反击。

实际上如果不是太平天国，小刀会早就会受到清军更为猛烈的进攻了。太平天国将南京定为自己的首都之后，清朝政府派钦差大臣向荣带领大批军队，占了南京城外的孝陵卫，建立了江南大营，企图围困南京城，进而消灭城中的太平军。说起来江南大营和上海的关系十分密切，江南大营的军饷很多来自上海江海关所收的税银；江南大营的军粮，要从上海及附近县城通过漕运运来。小刀会在上海起义，七天之内连取六座县城，内河漕运现在已经不通了，江海关也被小刀会捣毁了，直接威胁了江南大营的存在。向荣收到吴健彰的告急文书之后，知道情况比自己之前了解的更严重，本想派兵，又担心南京城里的太平军趁机出动。他正在举棋不定，又接到朝廷的六百里加急文书，要他立刻发兵收复上海和其他六城。向荣不敢怠慢，从营中拨出一部分军队，由江苏巡抚许乃钊、江苏按察使吉尔杭阿率领，准备进攻上海。

江南大营发兵的消息，早有人报到上海城内刘丽川的元帅府里。刘丽川一面继续派人多方探听清军动静，一面写信通知

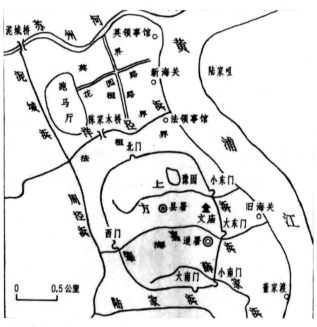

1853年的上海

周立春和徐耀，说嘉定是上海的外围，也是东南数县的最后屏障，要他严加防守，阻止清兵南下，保证上海的安全。刘丽川知道光凭周立春的力量守住嘉定有些困难，于是准备派出陈阿林带领三千弟兄前去支援。他们正在讨论粮草、兵器等事情。忽然有人回报潘起亮回来了。潘起亮本来率领三千人马去夺取太仓，一直没有消息，刘丽川正想派人打探去。潘起亮走进文庙的大堂，浑身的衣服上沾满了血迹和泥土。大家都大吃一惊，问他是怎么回事。潘起亮坐下，长叹一声："哎，别提了。进攻太仓失败了，嘉定城失守了！"刘丽川问："嘉定城内有五千弟兄，怎么会这么轻易失守？"陈阿林连忙问："周立春大哥现在哪里？"潘起亮摇摇头，说："周大哥不幸中了埋伏，落在清军手里了！"李咸池抓住潘起亮的手说："你讲得详细些！"李仙云说大家别急，听潘兄弟慢慢讲。

原来当上海小刀会起义的时候，太仓城里面的豪绅地主早已经闻风丧胆，逃窜一空。太仓的知州叫蔡映斗，他为了巩固在太仓的统治，大肆招募乡勇，想要组织起一支地主武装，用来抗拒起义军的进攻。小刀会立即抓住这一机会，李仙云秘密派人应募，准备在潘起亮的部队进攻太仓时里应外合，一举拿下太仓城。

1853年9月13日，小刀会起义军向太仓进攻，战斗一打响，之前潜伏在乡勇当中作为内应的小刀会兄弟立即响应。潘起亮手下的三千名起义军攻入了太仓城的南门和东门，迅速攻占了州署和县衙门，打开监狱，将被囚禁的农民全部释放。知州蔡映斗负隅顽抗，身受重伤，狼狈地从小门逃走。本来这个时候太仓城已经在小刀会的手里了，没想到变故陡生。太仓之战发生以前，吴县的知县丁国恩正率领一支队伍前往嘉定，准备进攻周立春，这支队伍里不仅有乡勇，还有正规的清军，力量较强。在起义军胜利占领太仓的时候，这支反革命武装正好赶到太仓城外。潘起亮之前完全没有得到相关的情报，敌众我寡的情况下，他决定立即撤出太仓，先退回嘉定，保存革命的力量。几天后，补充了武器弹药的潘起亮，再次从嘉定出发，率领一千人的部队，水陆并进进攻太仓。这个时候的太仓城里的清军在城上安装了大炮，凭借太仓城高大坚固的城墙，居高临下，用火炮猛烈还击。潘起亮带领起义军一次又一次地发起进攻，血战多时，仍然无法打入太仓，最后不得不撤退。

太仓之战失败以后，嘉定完全暴露在清军面前，青浦、南汇、宝山、川沙等县也岌岌可危。清军的气焰十分嚣张，丁国恩率领部队开始向嘉定进攻。起义军虽然在沿路奋起阻击，与清军进行了激烈的战斗，但是清军优势明显，有备而来，很快逼近嘉定城。第二天，清军开始向嘉定县城发动进攻。周立春、周秀英、徐耀和潘起亮一起组织嘉定城的防守，发动小刀会的弟兄们依托城墙阻挠清军的进攻。虽然清军的力量远远大于小刀会，但起义军人人奋战、英勇还击，面对这种情况，丁国恩不得不承认，对于嘉定的进攻"各处俱难得手"，要求清朝政府派更多的部队来增援。嘉定城里的地主豪绅看见清军不能很快将嘉定城攻下，开始蠢蠢欲动，不少人组织地主武装，企图反扑，还有的想要从内部攻破起义军。他们得到消息，防守嘉定东、南门的起义军相对比较少，是城防的一个薄弱环节，就把这个情报写成一封密信用箭射到城外的清军军营，要清军从这两个地方发动进攻，他们趁机里应外合。到了信上约定好的这一天，小刀会的弟兄正在西门点兵登城，这些人趁机乘机纵火，烧毁了弹药库，当时火光四射，烟火滚滚，城里顿时混乱不堪。清军和南门外的地主武装趁势攻入东、南两门，西门也在混乱中被打开了，另一股清军冲了进来。

潘起亮说："这次嘉定失守，都坏在几个奸民手里。围困嘉定的清兵虽多，城里老百姓却齐心协力，帮助兄弟们坚守四门。他们扔石块，泼滚汤，吓得清兵不敢近城半步。结果城里的土豪劣绅个个和清军有勾结，趁守城军民连日辛劳，偷偷开了城门，把丁国恩引进城去。官兵像潮水般涌进了嘉定城，见财就抢，见屋就烧，见人就杀。嘉定县城内外陷入一片血海。嘉定城郊的汇龙潭，成为刽子手的屠场，鲜血把潭水都染红了。城外的护国寺和高义桥两地，大屠杀也同样染红了河水。此外，清兵和地主豪绅还残忍地活埋了一些参加起义和拥护革命政权的百姓。在临时掘好的大坑旁边，他们用刀乱砍，将被砍的人推到坑里！"李咸池气得大叫："这个仇一定要报！"李咸池说："周大哥是怎样被抓到的？"潘起亮说："嘉定县城被攻破，大批清军涌进城内，周大哥依然坚持战斗，和清军展开巷战。周大哥带领十几个弟兄，冲出东门，最后在西隐寺中了埋伏，精疲力竭，被官兵抓住，解到苏州去了。"

潘起亮这一席话，说得大堂上声息全无。大家都低下了头，悲愤莫名，一个个都在为周立春老英雄感到难过。停了好久，还是刘丽川先开口问："那周秀英和徐耀呢？"潘起亮说："周姑娘杀得浑身溅满血水，至今还不知她的下落！徐耀和她在一起，有人说看见他们杀出东门去了。"刘丽川想了想，说："秀英姑娘武艺高强，一定会杀出城来的。可恨官兵屠杀了这么多的百姓，害了这许多弟兄，周大哥又凶多吉少，我们必须给他们报仇。"潘起亮一听这话，从椅子上站了起来，大声说："刘大哥，我们这就发兵，杀向嘉定城，为百姓和周大哥报仇！"刘丽川正想回话，堂外又有弟兄进来禀报，说是现在清军占领嘉定之后，又勾结各地地主、恶霸，打进了青浦、宝山，许乃钊还下令合兵进攻上海！李咸池站起来向刘丽川说："刘大哥，兵来将挡，水来土掩。趁他们没到上海，小弟愿意带两千弟兄，先去打个头阵，在半路埋伏，杀杀他们的锐气。"刘丽川还没有答话，陈阿林先点头称是："李兄弟这话说得好，官兵现在气势正盛，我们先给他们一个下马威，挫挫他们的锐气，一来给上海城布置城防争取时间，二来让他们不敢小看我们。"

刘丽川说："两位兄弟都说得不错。只是知己知彼才能百战不殆。我们现在兵力不多，出兵之前一定考虑得周到，才能旗开得胜。前几天吴健彰逃进租界，和美国领事马沙利密谋借兵，又从广东带来几十条拖船助战，要截断上海和南汇、川沙的通路，从水路进攻上海。官兵从嘉定方向进攻。这样我们就要好好商量，分头对付。如果现在派兵出城，失去了城墙的掩护，我们很难占到便宜，一旦有个闪失，不但不能为周大哥报仇，还会削弱我们的势力。上海城城高墙厚，不怕围攻，我们只要严加防守，布置好城防，就能坚持一段时间。只要等到太平天国大军到来，就可以反守为攻，从城内出兵夹击了。"李仙云说："刘大哥说得好，这样做更稳妥一点。另外我们还要加紧在城内巡查，免得像嘉定一样，被内外勾结攻破。"大家点头称是。刘丽川派陈阿林严守东城，多架大炮，专打可能来犯的兵舰；潘起亮守北城；李咸池守西城；李仙云守南城。刘丽川命令起义军将所有洋枪洋炮统一调配使用，可以集中火力。李仙云说："刘大哥安排得好，小刀会的弟兄都是顶天立地的好汉，真刀真枪地和官兵拼命，一个也不会退缩。只是我担心如果上海被围，城外的物资进不来，百姓会人心惶惶。特别是粮食，没有粮食，我们也支持不了太长时间。"刘丽川说："这件事情请放心，我已经派人从乡下买到了足够的粮食，足可以支持一段时间。城中的武器弹药也十分充足，管教上海城铁桶一般，让官兵有来无回。"

大家正在商议，忽然门上弟兄来报青浦周秀英和徐耀来

英国领事阿礼国

了。几个人赶忙迎接出去。周秀英看到刘丽川，当时忍不住泪水横流。她说周立春被抓走之后，被送到苏州，已经英勇就义了。刘丽川等人一听，一个个低下了头。李仙云说："周姑娘你不要太伤心了，我们一定会给周大哥报仇的。"周秀英说："听说官府已经派兵往上海来了，我要给爹爹和嘉定的伯伯叔叔报仇，在上海和他们血战到底！"徐耀说："那天嘉定城破，我和周姑娘一起杀出一条血路。好不容易躲过了官兵的搜捕。现在嘉定城虽然已经失守了，可是周围乡村的百姓们还在继续和官兵斗。"原来起义军撤出嘉定之后，有一部分进入西乡，和当地的百姓联合起来进行抗捐抗税的斗争，把当地豪绅地主的庄园都给烧了。六里桥、方泰、外岗、盛泾、柏家村、周塘村、望仙桥、安亭各地的农民都组织发动起来，暗中制造武器，准备更大规模的斗争，一旦时机成熟，就重新夺回嘉定县城。大家听了之后十分振奋，都摩拳擦掌准备和官兵干一场。刘丽川将周秀英和徐耀也编进守城的队伍中，准备迎接更为残酷的战斗。

之前清军进攻的不利让吴健彰等人大为恼火，他一方面再请清政府加大清剿力度，另一方面，也和外国势力加紧交涉。这个时候，虽然中外的反动势力有勾结在一起的需要，但是他们之间还有不少矛盾，比如关税问题，双方都想利用当前的局势争取自己的利益。1853年10月，吴健彰用苏松太兵备道兼江南海关监督的名义，给英国领事发去了照会。

吴健彰实际上是想恢复清政府收税的权利，有了财政来源的保障，就能更快地剿灭小刀会起义，同时自己也从中攫取更多的利益。

　　对吴健彰的要求，英国领事阿礼国自然不会听从，他也做了强硬的回复：

　　令本领事惊讶的是，道台竟在来信里的话几乎含有恫吓的暗示，提出本领事如不代收税款，那么钦差大臣、总督及巡抚就要通过中国商人对英国商人施加压力。本领事认为这些话轻率又不合时宜；而钦差大臣、总督及巡抚不能不看到阁下的做法，对于英国商业乃是一种敌对挑衅行为，在目前形势下，这种行为是不能容忍的。如果阁下真的采用上述手段，则英国政府必在其他方面实行报复，在当前严重局势下，必然对贵国利益大有损害。

　　面对这种赤裸裸的威胁，吴健彰怎么还不清楚英国领事的意图呢？更何况在他们自己的报纸上已经说得更明白了。有外国的商人给上海的英文报纸去信，准确地分析了在上海的外国领事们想要干什么。

　　来信中说，驻上海的美国领事希望把上海变成美国船只可以自由出入的自由港，而不必缴纳任何税款。理所当然，如果美国船只得到了这种特权的话，其他国家的船只最终也会得到，上海将成为对各国船只开放的自由港。如果回顾以往的历史，那么可以看出，关税问题一直是各国商人和领事们最为关心、最重大的问题。究竟怎么缴税对自己国家的商人最为有利，各国之间争斗不休，只不过之前各国的利益相互冲突，一直没有一个合适的方案让所有人都满意。

发生小刀会事件之后，上海本地的政府已经没有能力来维持秩序了，更不用提海关的事情。现在各国商人正在"随心所欲地走私"。这个时候，原来的上海道台又回来了，他带着军队和舰队回来，想要重新恢复收税。但英美等国的领事可不会放过这个讨价还价的绝佳机会。他们立刻联合起来，准备对上海道台狮子大开口。吴健彰面对的形势非常严峻：他想要在外滩，也就是外国人最集中的地方，重新设立上海海关，重新开始征收税款，这笔钱对他来说是十分重要的，也是清政府重回上海的重要一步。但是，现在要想建立海关，必须要把小刀会的势力完全消灭才行。从目前来看，吴健彰没有能力做到这一点，而只会让整个租界乃至整个上海城血流成河。这肯定是不符合在上海的外国人的利益，后者更看重自己的生命和财产安全。英美两国领事对此的回应是：把所有有武装的中国人都赶出租界。虽然如此，他们还是和道台保持了频繁的接触，双方之间通过公文来回交涉。

吴健彰现在只能待在江面上，即使如此，他还努力想在自己的羚羊号上面设置江海关，行使自己原来的权力。但是羚羊号周围的外国船只不欢迎这艘船，因为外国势力目前表示反对一切武装力量，无论是陆地上的，还是水面上的。吴健彰走投无路，只好向外国势力妥协。他写信给英法领事，说明自己奉清朝皇帝的命令回到上海，要按照原来的方式收税，这样的话就能"恢复正常"。为了讨好对方，他甚至厚颜无耻地请求领事"授权给他行使职务"。可是对方丝毫不给他留情面，直接通知吴健彰，收税的前提条件就是清朝军队要收回被小刀会占领的上海县城，重新设立海关，重建一切秩序，否则一切都免谈。吴健彰没有办法，只好先提出要回之前的关税欠款，并询问到底是由英国领事代收税款，还是由他通过北新和浒墅的关卡收税。吴健彰没有得到明确的答复，对方只是说要等待，等待新的海关设好，关于税款的事情才会提上日程。在这种情况下，外国势力采取的是拖延战术，希望在形势最有利于自己的时候，在谈判中攫取最大的利益。

当时钦差怡良对吴健彰逼迫得很急，要他尽管解决海关税收的问题。吴健彰于是又以更强硬的态度表示：自己已经得到钦差大人的命令，必须按照原有的规则收款，否则的话，就要采取行动，对所有在上海的外商征收税款，一点也少不了。结果，他得到的回答是：中国政府如果这样做，将"立即被认为是敌对侵犯的行动"，"损害帝国的利益"。吴健彰没有办法，他还希望从外国势力那里得到帮助，对抗小刀会，并不敢得罪洋大人，最后这件事情就不了了之了。

这期间，吴健彰也联系了美国公使，内容和给英国领事的信差不多。美国公使同样采取了拖延战术，首先告诉他税款交

上海小刀会起义军图

不交不一定，要看具体的情况，但又没有把谈判的大门关上，说可以随时和吴健彰谈判。谈什么呢，谈收税人员的办公地点，而不是谈到底缴不缴税。后来美国公使又通知吴健彰他可以行使收税的职权，前提是有足够的军事能力保护自己。吴健彰大喜过望，趁着这个机会给英国领事写信，表示已经设立了水上海关，再一次请求对方允许自己收税。而英国领事的回应是要请示上级，也就是在香港的英国全权公使，而后者的答复是要请示英国政府，等待英国政府的回信。最后给吴健彰的消息是，对英国政府来说，这个问题已经结束了，如果没有一个真正"合法"的海关能够切实履行职责，英国政府不认为上海道台有任何权利收税。

与此同时，法国领事爱棠则拒绝承认新设立的海关，并且正式通知吴健彰说，法国的船只应当可以自由进出上海港，而且上海的局势必须恢复稳定，有一个强有力的政府，否则的话，法国商人是不会像原来那样缴税的。在这种情况下，海关似乎只能对美国船只收税，美国公使当然不会让这种情况发生，随后他就发布一个公告，公告里面说，鉴于现在中国政府没有办法一视同仁地对所有外国船只收税，美国政府只能认为上海对美国商船是一个自由港，无需缴税。

吴健彰忙活了一圈，最后完全无功而返，最根本的原因是，清政府当时并没有控制上海县城和海关的能力，同时又不肯拿出相当的利益来出卖给外国势力，而妄想外国势力能够继续支持自己的腐朽统治，那是不可能的。美国当时的在华势力比较弱小，因此一开始没有像英法那样表现得那样强硬，还帮助吴健彰逃出来。吴健彰一回到上海，美国公使就承认了他的道台身份，同时还表示："美国在华的各机关，应给予一切正当的便利，让道台和他的僚属办理关务。"可是吴健彰没有明白对方的意思，以为可以不付出代价地得到美国的支持，结果只等来了美国公使的公告。这些外国势力，看到吴健彰在攻打上海城方面毫无建树，不能提供足够的利益。清政府缺乏收回上海的力量，还想要收税，自然得不到什么结果，所谓的"权利"也早就不复存在了。清政府想要借助外国人的力量，还要更彻底地出卖国家利益才行。

摆在吴健彰面前最大的难题就是，如何更紧密地和列强勾结起来，既保住自己的官位，同时又能借助外国人的力量，打败小刀会。毕竟中外反动势力之间也存在着矛盾，首先，清军还是想凭借自己的力量来进攻上海城，等待他们的将是小刀会战士更为猛烈的反击。

太平军作战图

上海攻防战

　　1853年9月,清军江南大营帮办、署理江苏巡抚许乃钊率领署理按察使吉尔杭阿、总兵虎嵩林、参将秦如虎、主事刘存厚等大小头目,向上海进发。这支军队里面有江南大营的兵,还有苏州地主豪绅组织的地主武装"抚勇"。许乃钊兵抵上海之后。因为上海城东南北三面,城外都有教堂、洋房,中间又有"租界",一时不便将上海城完全围住。许乃钊下令离开北城五里,在苏州河边扎下军营,称作"北营",是围城的主力部队;又在龙华镇立了"南营",由松江知府蓝蔚雯、"防剿局"李恒嵩和浙江候补同知仲孙樊率领,作为补充。"北营"和"南营"互相呼应,另外还有吴健彰率领的部队。这几支队伍加在一起,在人数上对城中的小刀会占有绝对优势,他们妄想一举攻入上海城,消灭小刀会,恢复清政府的反动统治。

　　许乃钊率军征讨小刀会以来,连下嘉定、青浦、宝山几座县城,虽然小刀会的弟兄顽强抵抗,但人数、武器上劣势

曾经在上海镇压太平军的英国人戈登

太大。许乃钊觉得上海的小刀会也不过如此，战斗力和太平天国的大军还是没法比。他到达上海周边之后，稍作整顿，就命令吴县知县丁国恩进攻北门，说破城之后给丁国恩加官晋爵。丁国恩在嘉定城的战役中带领部下抓到了周立春，正是志得意满的时候，这次攻打上海城，更是想要再立一功。

丁国恩领着一队人马到了上海城下，没想到抬头一看，城门紧闭，城外冷冷清清，城上连一兵一卒也看不见，只有一面绣着"太平天国"四个大字的旌旗在飘扬。丁国恩心里想：原来的道台吴健彰来信说上海的小刀会如何如何厉害，今天一看，还是吴健彰草包，如今大军一到，就把刘丽川这些人的胆子吓破了。他抽出佩刀向前一指，大声喊道："杀呀，快快杀进城去呀！勇敢向前者重重有赏，后退者军法从事。"他手下的人前一阵在嘉定烧杀抢掠，得了不少金银，今天看见上海的繁华更胜过嘉定，一个一个兴高采烈地往前冲。他们抬了云梯，扛上撞城木，渡过护城河，眼看就要接近墙根了。这时候只听见城头上号炮连声响亮，杀声震天，一霎时就出现了无数头裹红巾的小刀会战士，有的手里拿着洋枪，有的手里举着灰瓶，有的肩上扛着石头木块。一眨眼的工夫，枪弹、石灰、木块像下雨一样朝城下打来。丁国恩的手下来不及架起云梯，就已经被打得头破血流，尸横遍地。不少清军掉头就往回跑，被督战队赶了回去："只许前进，不许后退！"逃兵掉头又向城墙进攻。城上不断用洋枪

111

和弓箭反击，冲在前面的士兵纷纷倒在墙下。进攻没有持续多久，丁国恩知道自己遇到了强劲的对手，为了保存实力，只好先收兵回营。丁国恩向许乃钊报告之后，许乃钊大吃一惊，他说："没想到上海的小刀会如此强悍，这样我们难以像前几战那样迅速成功了。"丁国恩说："大人不必担心，今天出战，我看小刀会人数不多，我们占据绝对优势。乱党气焰方盛，自然人人效命，一旦我们坚持作战，他们的粮草、武器都供应不上，自然士气低落，难以持久，到那时候定能一鼓作气拿下上海城。"许乃钊说："好！明日继续攻城，一定要拿下上海，给朝廷一个交待。"

从1853年秋天到1854年春天，清军组织了多次对上海县城的大规模进攻，但是，守城将士的勇猛顽强超出了他们的想象，在起义军的英勇反击下，清军屡战屡败，伤亡惨重。许乃钊也不得不承认，迅速扑灭上海小刀会起义，只能是一个幻想了，要想打进上海城，必须经过长期的围困和作战才有可能。于是就有了之前提到的城墙攻防战，在战斗中清军徒劳无功。

从陆地进攻不行，清军就想从海上打开缺口。清军纠集起不少战船，组成一支舰队，一支开到了黄浦江下游，想要在那个方向打破小刀会的防御，攻进上海城。相对于城墙上的防御力量，小刀会在水上的力量是比较薄弱的。即使这样，清军还是不敢靠得太近，离小刀会的防线距离很远就开始开炮，他们调整炮口的高度，让炮弹越过城外的房屋，直接落到城里。

清军不分平民和小刀会战士，对城里的人实施无差别伤害，而且惨无人道地使用了葡萄弹。葡萄弹是由许多小铁丸组成的炮弹，结构就像葡萄，因而得名。葡萄弹最早是欧洲人在18世纪开始使用，这种炮弹的杀伤力很大，拿破仑曾经用来镇压保王党叛乱。葡萄弹的射程不是很远，一离开炮口，炮弹很快就会爆炸，里面的铁丸四射，造成很大的杀伤。清军的残暴从他们使用葡萄弹攻击居民众多的城市就能看出来。但是由于清军糟糕的训练，他们的炮击并没有什么准头，也没有取得什么效果，只激起了城内小刀会战士们更加英勇的反抗。有一颗炮弹还击中了城内的一座教堂，据城里的传教士说能清楚地听到子弹和炮弹在空中飞来飞去。

　　清军的进攻也不是完全没有效果。有一次一队清军的先头部队穿过了陈家木桥。他们过了桥，朝城外那排房子走来，走一半路，就向东转，走上通向北门大街的小路。许多清兵走到房子后面，有一条街离城门只有几百步距离。当他们走到这条街的时候，他们开始向城里发射火箭，于是火箭就像流星一样地划过天空。城内的小刀会守军没想到会在这个方向遭受袭击，事前并无防范，直到敌人离城墙已经很近了才发现。差不多过了半小时，城墙一带才作好战斗部署。昨天清兵攻击城南，因此大部分小刀会的人都在南面。少数负责驻守北门的小刀会弟兄，一发现敌人，就向同伴告急，同时冲上城墙用猛烈的炮火还击。这支清军有火绳枪、抬枪，但是没有炮。后来清军觉得在北门打不下来，就向后撤退，穿过田野，撤到城墙有房屋的地方躲起来。有的在房屋边上窥测，然后开枪；也有的向着房顶上开枪，子弹高高越过城墙。

最后这场战斗被一场倾盆大雨打断，清军见小刀会的抵抗十分顽强，趁机撤退了。还有几个胆子大的清军士兵投奔了小刀会。

清军进攻上海城的几次战斗，当时上海有不少人目睹：在战斗中，小刀会起义军人人奋勇迎战，士气高涨，能够熟练地使用简陋的武器，假如一个战士手中有洋枪，那他一定是一个弹无虚发的神枪手。至于清军的战斗力和水平，《北华捷报》是这样报道的："在历次进攻中，我发现他们的纪律、判断力及技术都很差，应为屡战屡败，十分沮丧。"《北华捷报》上的文章称："假使'官兵'不大大改进战略，他们将永远不能收复上海。"

许乃钊因为上海久攻不下，心情烦闷，这一天召集各位副将前来商讨。在会上，丁国恩、吉尔杭阿等人也拿不出什么好办法，只想向朝廷求援，多派一些人马过来，多运送一些洋枪洋炮。许乃钊心中暗骂："如果朝廷能多派人马枪支，还要你们做什么，真是一群废物。"原来的道台吴健彰也来参加会议，他因为失掉了上海县城，现在属于戴罪之身，本来没有他说话的份儿。今天他看别人都没有提出什么好主意，就大着胆子给许乃钊出了一条毒计。吴健彰说："大人，上海城里小刀

太平军进攻上海西门

会的乱党们都是亡命之徒，我们如果硬攻的话，只能徒增伤亡。既然正面攻城不利，我们不如想一条计策，借助洋人的力量先攻占上海的炮台，再攻入上海城就容易多了。"许乃钊问："有这样的计策？是不是美国人答应派兵舰来助阵，我听说美国的兵舰上大炮多、弹药足，如果有美国兵舰帮忙，那打下上海就易如反掌了。"吴健彰说："现在英美法各国还在宣称中立，说什么无论是小刀会还是朝廷的军队，都不能利用租界进行军事活动。所以他们不好直接出面派兵，但是他们是心向朝廷的。我们可以这样做……"原来，吴健彰策划了一个卑鄙无耻的计谋。他准备故意走漏风声给上海城里的小刀会，就说太平军已经向镇江大举进攻了，清军的战船需要回援镇江，以此来麻痹小刀会，趁机发动进攻。

随后，吴健彰派出奸细入城告诉小刀会，清军舰队准备立即开往镇江府，引诱小刀会出来。这一天官兵为了更有效地诱骗小刀会，舰队确实是向下游航行了不长的距离，但不久突然掉转头来向上海县城前进，旁边还有其他外国轮船"保驾护航"。"克隆"号战船率领第一队，在驶离外国轮船以前，就向小刀会的炮台开炮轰击。小刀会担心打到外国轮船会给外国势力干涉的借口，一开始没有还击。当清军舰队与外国轮船分离之后，小刀会立即从城外海关的炮台、小东门炮台以及两艘小刀会战船上发炮还击。他们的炮火非常准确，给清军舰队造成沉重打击。"克隆"号战船身遭重创，不得不驶往黄浦江东面停泊，以免沉没。一只黄色小艇沉入江中，另有一只也失去活动能力，勉强被拖到岸边。

清军舰队向炮台冲了几次，企图占领小刀会的炮台，可是，他们都遇到小刀会英勇的抗拒，最后只得退回。这样，攻打炮台的计划宣告失败。有些敌船在炮台外面沿岸行驶，并分一支人马在顾家弄登陆。

这些战斗中清兵死亡不下三百余人，小刀会精神抖擞，勇气百倍。他们战斗时摇动旌旗，挥舞武器，喊声震天，有猛虎下山之势，与半死不活的清兵完全不同。

清军对小刀会作战不力，抢劫起民众来却是如狼似虎，残暴无比。有一天傍晚，有一条宁波船沿黄浦江行驶，向上海开来。当它驶近清军舰队的战船时，船上的人向着它开枪。几分钟内，枪炮声大作，所有战船都对准这条孤零零的商船开火。这条商船上边有一百多名旅客。这些人听到四面打来的枪声，知道发生了什么事情，有人走到甲板上四处张望。清军舰队几乎全部都来追赶这条商船。最后一艘炮船发出一弹，把商船上一位旅客的腿打断了，打得只剩一块皮连在脚上。这条商船终于抛锚，在江中停下了。

清军船上的士兵看见船停了，立即争先恐后地登上那条商船。所有跳到水里的人都被清兵捉住，被拿去换取一二十元的赏金。那些人被官兵捉到战船上，遭到一顿毒打。毒打之后还不算完，清兵把这些人双手反绑踢来踢去，手持大刀盘问他

117

们；还没等这些人回答，就割去他们的耳朵。有几个可怜的老百姓，就这样被割掉耳朵，痛得大声叫喊："杀了我吧！杀了我吧！我再也受不了啦！"吴健彰对这种草菅人命的行为十分赞赏，认为官兵干得漂亮，对小刀会绝不能手软。清兵说船上的人要到城里投奔小刀会，实际上这船人不过是到上海来的旅客，只因他们中间有几个福建人，残暴的清兵就不分青红皂白，任意诬陷，拿他们来泄愤。

清军在进攻起义军的炮台失败以后，恼羞成怒，除了肆意杀害无辜百姓，更在城墙附近四处放火，一方面扫清进攻路线上的障碍，一方面打击上海城的经济，最后他们更是要趁火打劫。火势很快蔓延开来，总共烧毁了一千五百多幢房屋，从黄浦江边到城厢，完全成为一片废墟瓦砾。大东门外本来是上海最为繁华的地区之一，有众多的商店和客栈，吴健彰指挥清军对这里进行了大规模的焚烧和抢劫。不出一个时辰，这一地区完全被火海吞没。楼房、庙宇、店铺顷刻之间化为灰烬，大量的房屋被烧得倒塌了，滚滚的黑烟遮天蔽日，最可怜的是老百姓，他们的家园被毁灭，很多人来不及逃走被活活烧死。而吴健彰则乘机指挥手下人大肆抢劫，大部分赃物都被他侵吞了。

清军纵火之后有人曾到火灾地区查看，所见到的无非一片荒凉。仅在一星期前，那里还是一个商业繁盛、居民熙熙攘攘、摩肩接踵的地方。人群的欢笑声以及叫卖声犹在人耳中缭绕；而今却完全成了一片废墟。原来数以千计的房屋，现在仅剩下一些废墟颓垣、砖堆瓦砾而已。那些已经无家可归的人们，有的逃入城里，有的逃往附近的村庄，也有人逃进外国租界，还有些逃往停泊在黄浦江边的小船中。除了一些拾荒的人，他们在那里搜寻烧焦的木板、破铜烂铁和没有被烧坏的贵重物品，那一度是上海最富庶地区的东郊，竟变成凄凉的无人区了。

这次火灾造成了极其重大的人员和财产损失，而祸首自然是号称"父母官"的吴健彰。他为了自己的贪欲，残暴地将百姓的家园付诸一炬，将繁华的市镇烧成白地，纵容士兵的抢掠，现在清军进攻上海比以前更加困难了，攻城士兵已经没有什么可以用作掩护的房子了，而在城内的小刀会更容易展开反击。

清军的这种暴行，激起了上海人民无比的愤怒，他们更加支持小刀会的守城，更加积极地参与到与清军的战斗中。在人民群众的帮助下，虽然遭受到清军的多次水陆进攻，上海城依然没有被攻破。

由于清军久攻上海县城不下，外国侵略者便同清朝当局互相串通，采取招抚的形式，妄想瓦解和消灭小刀会。在这些事情上"可能有耶稣教的牧师参加，特别是那位老麦都思"，"由耶稣教传教士担保"。但这些欺骗的把戏被小刀会识破，外国侵略者趁机攫取利益的阴谋也破产了。

这一天，小刀会的首领们正在文庙开会，忽然有人进来和刘丽川耳语了几句。来人走了之后，刘丽川对大家说："各位

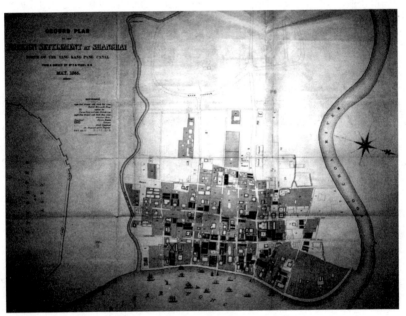

1855年上海外国人居住地图

弟兄，许乃钊几次三番想要攻进城来，都被咱们的弟兄打回去了。现在他还不死心，定下了一条毒计。还好咱们在北营里面也有兄弟，连夜送来了消息，让我们早做准备。"李咸池问："他们上次和外国轮船一起来攻打炮台，还烧了东门外的房子，这次又想搞什么鬼花样？"刘丽川笑着说："猫急上屋，狗急跳墙。那许乃钊想要再在县城西墙根挖掘地道，用炸药炸毁城墙，到时候炸出一个缺口，好从缺口里面冲进城来。"潘起亮说："不妨事，到时候我领几百弟兄埋伏好了，一鼓作气把他们赶出去，管教他们有来无回。"刘丽川说："潘兄弟要好好准备一些火药洋枪。现在我军士气旺盛，只是敌人不断进攻，我们要防守四门，必须设法补充一些人手才行。况且缺口也要迅速补上。"李咸池说："大哥现在不用担心人手，现在守城一半是弟兄出力，一半还靠百姓帮忙，万众一心。有战斗的时候，他们帮着拉炮车、运枪弹、搬石块、装灰瓶；没有战斗的时候，他们帮着运粮食、修工事。百姓纷纷出力，这样我们的人手就够用了。"李仙云说："我们入城之后，豁免了百姓原来的赋税钱粮，告诉百姓三年不收他们一分钱。这个好消息传开之后，大街小巷一片欢腾。与此同时，为了保证百姓有粮可吃，凡有阻挠运粮的行为，一律按照军法从事。我们还从周围各地买了许多粮食，千辛万苦地穿过清军的封锁线，运进城来，让城里的人可以吃上便宜的米。有了这几项，百姓都支持小刀会守城。"

李咸池说："不仅如此，点春堂挤满了投军的人，大家都想来参加起义军。我正想和大哥商量一下，再不另辟一个校场，就没有地方操练他们了。"刘丽川说："老百姓凡来投军的，都要好好安排，改天给他们找一个新的校场。如今守城的战斗迫在眉睫，可以先让他们在各门搬运守城的石头、木块，协助义军防守。"李仙云说："来投军的不光有小伙子，还有青年女子。"刘丽川问："还有这种事？"李仙云说："你问周秀英吧。"原来周秀英到了上海城之后，就收留二三百个童养媳和婢女，她们都是受不了自己婆婆和主人的虐待跑出来的。周秀英本来想教她们学点手艺养活自己。没想到这些年轻力壮的女孩子听说好多人去点春堂投军，她们也不愿待在屋里做针线活，纷纷找周秀英，要像太平天国的女兵一样练武从军。周秀英和李仙云商量了一下，开办了女兵局，专门训练女兵。刘丽川说："好好，看来我们起义军是不愁人手了。"他命令潘起亮赶紧准备，等许乃钊他们动手就给予迎头痛击。

许乃钊一边命人挖掘地道，一边让清军加紧进攻麻痹守城的小刀会。殊不知，潘起亮命令小刀会的兄弟出城侦察，早已经将情况摸得清清楚楚了，只等地道掘到城边，就大举反攻。这些弟兄归潘起亮训练之后，学会了很多侦察本领。这天天黑之后，他们又带上兵器悄悄摸出门去，到城外探听消息。这时候天上月亮照得地面白亮亮的。他们几个人趴在护城河边上，耳朵贴着地面，仔仔细细搜索前进。没过多久，就听见地下有

上海老城的官员们

掘土之声。他们做好了记号，回城禀告潘起亮。潘起亮提前做好了准备，就等地道挖过来。

1854年2月的这一天，随着一声巨响，上海的城墙被炸开四、五丈宽的缺口。许乃钊欣喜若狂，命令两千多名清军死命往前冲，眼看就要冲到城墙缺口里面了。突然，天空飞来无数的火球，像下雨一样落在清军的头上，落到地上组成了一道难以逾越的火墙。原来潘起亮早已等候多时，趁着清军往前冲的时候，他命令守城的起义军将火药袋点燃，猛地扔出来。还不等清军清醒过来，他们居高临下，把石头、砖块、火药罐往下就扔，打得清军晕头转向。缺口正对面，起义军用喷筒向敌人喷射火焰。两千多清军陷入一片火海，也尝到了烈火焚烧的滋味。当火势小了一点，潘起亮率领二百名起义军，手持大刀，头顶红巾，从缺口一跃而出，如同虎入羊群，杀得清军不断逃窜。小刀会起义军乘胜追击，占领了四明公所的清军军营，缴获了十二门大炮，还有洋枪和其他物资。这一战以小刀会的完全胜利而告终。

不断抗击清军的多次战斗中，起义军广大战士和军事首领，在小刀会战史上写下了光辉的篇章。嘉定、青浦、太仓等县相继陷落以后，清军和地主武装在许乃钊率领下，集中全力围攻上海，上海长期处于孤立无援、十分危险的境地。但是，小刀会的英雄们敢于斗争、善于斗争，他们的英勇反击使清军迅速镇压起义的企图破产。小刀会起义军展现出了勇敢无畏的

124

爱国主义精神。

许乃钊因为清剿小刀会出师不利，长时间不能夺下上海城而被革职。他的革职也有英美法等国侵略者的功劳，他们认为许乃钊不能满足外国势力的贪欲，于是寄希望于地位更高、更能出卖中国主权的吉尔杭阿。美国著名的侵略头子伯驾当面夸赞吉尔杭阿说："我来中国二十多年了，我认为最大的人物就是伊里布、耆英和您了。"伊里奇、耆英在第一次鸦片战争中作为清政府的代表签订了丧权辱国的《南京条约》。伯驾将吉尔杭阿与伊里奇、耆英并列，可见他是一个什么样的人。吉尔杭阿取得清军大营的领导权之后，知道单凭自己的力量是没有办法剿灭小刀会的，于是通过吴健彰去疏通英美法三国，他对吴键彰说："你专门结交夷商，熟悉洋务，可以请英、美、法三国领事协助，只要他们肯答应帮忙，这上海城可以说指日可破了。即使，即使付出一些代价也是可以接受的。"

吴健彰心领神会，领了吉尔杭阿的命令，来到租界，找到了马沙利、爱棠和阿礼国三位，将吉尔杭阿请求协助的话说了一遍。三位领事相视一笑，阿礼国开口说："贵国政府目前的困难处境，我们美、英、法三国政府表示万分同情。不过……我们也应该承认上海城的事情，是民众自发发起的，小刀会有资格向外国政府要求享受交战国的待遇，虽然他们只是在上海城这么个小地方。出于以上原因，美、英、法三国只能严守中立，既不帮助贵国政府，也不帮助城内的小刀会，我们两不相

上海码头景象

帮。这也是我们中立的义务。"吴健彰一听就急了："大人，你们这样严守中立，表面上两不相帮，实际有利于乱党，别忘了，大清政府才是各国政府的朋友，这么做对朋友实在太不公正了。我请你们看在上海的秩序和通商利益的份上，帮助朝廷剿灭乱党。"爱棠看吴健彰话说到这个份上，知道火候差不多了，就开口说："吴大人，如果贵国政府能够和三国政府重订条约，三国政府还是可以考虑在乱党的问题上帮忙的。"吴健彰知道对方是想要更多的侵略权益，现在"人在矮檐下，不得不低头"，只好问："不知道几位领事有什么要求，我一定转达吉尔杭阿大人。"阿礼国迫不及待地说："江海关被毁之后，一直没有成立合适的机构管理通商税务，为了进一步发展我们和贵国政府的贸易，必须设立一个税务管理委员会，三国指派三人共同管理，而且委员会中还要多用外国人，只有这样才能保证这个机构的廉洁高效。我们三国领事认为，这是切实可行的好办法。"马沙利说："除了海关事务之外，租界的制度现在还不够完善，我们应该公布一个'新地皮章程'，这样有利于租界的发展，对贵国政府也是有好处的。为了避免以往租界中出现的问题，我们要成立一个'工部局'，由它来管理租界。"吴健彰一听，心想这三国领事不仅要将海关拿在手里，还把租界变成国中之国，这可如何是好？他只好表示要回去请示吉尔杭阿。

吉尔杭阿听了吴健彰的汇报之后，紧锁眉头思量了一阵，然后说："事到如今也只好这样了，但是他们也要表现出一些'诚意'才行。"吴健彰将吉尔杭阿的意思告诉三国领事之后，他们很快就表现出了自己的"诚意"。他们决定，先在上海县城北门一带筑起一道围墙，将上海县城和郊区分隔开来，从经济上打击小刀会，无论粮食、武器、人员的补充都将受到限制。这道围墙从黄浦江边，沿着北门外的河岸，一直到离洋泾浜南岸不远的地方。这个情况很快就被报到刘丽川那里，李仙云提出一个办法："他们能挖地道，我们也能挖地道，我们在打狗桥底下挖地道，既能够把粮食运进来，必要的时候也可以从地道撤退。"众首领都说这个主意好，派李咸池领人连夜挖了地道。看到围墙还不能让小刀会就范，吉尔杭阿又让吴健彰去找三国领事交涉，英美两国趁机又提出了更多的条件和要求，让吉尔杭阿也难以接受了。而法国侵略者的要求就"低多了"，他们嘴上说是出于人道主义而进行干预，实际是想替自己的传教士在松江弄一块地皮。他们与吉尔杭阿一拍即合。吴健彰被派往法国领事馆具体和爱棠商议此事。

吴健彰当天下午就匆匆赶到法国领事馆，进门之后就看见一个法国军人一身戎装坐在那里。爱棠给他介绍说："这位是我国的辣厄尔少将，想来吴道台一定是愿意认识认识的。"吴健彰觉得法国派来了一个将军，恐怕是出兵有望了，他和对方握手问好，还说能得见将军是三生之幸。这个辣厄尔是老牌的殖民者，他本来是法国政府派驻在东南亚的舰队司令，后来乘着"贞德号"巡洋舰来到上海，当时正是小刀会刚刚起义的时候，他污蔑小刀会为"乱党"，公开声称容许"小刀会"存在是人类文明的耻辱。他对吴健彰说："上海必须恢复秩序，就必须把小刀会赶出城去。是我们法国人第一个打破了这种愚蠢的中立，这是她的光荣，因为一个有实力的人在坏事之前不应该守中立。"吴健彰一听有戏，就对辣厄尔说："少将先生，照您的说法，您准备率领法国军队对付上海小刀会了？"辣厄尔点了点头："那是我的责任。我的'贞德号'几炮就可以把上海城夷为平地。"爱棠在旁边赶紧说："吴道台，请一定提醒吉尔杭阿不要忘了我们的提议哦。"吴健彰说一定一定，许诺给法国传教士的土地一定双手奉上。

谈妥条件之后，辣厄尔一心想挑衅小刀会，以便引起战端。他先是以舰队司令的名义写信给刘丽川，借口从炮台发射的炮弹可以击中法国的两所房屋，要求小刀会拆除洋泾浜南岸的炮台。刘丽川当下就回了一封信给辣厄尔，信上写：只要法国政府严守中立，小刀会就会保证租界的安全。我们是不会拆除炮台的。你们如果有任何行动，一切后果自负。辣厄尔派出法国士兵，想要强行拆除炮台，潘起亮带人坚守炮台，辣厄尔命令法舰"高尔拜"开炮轰击县城和炮台，开始对小刀会发起进攻。

自从各国列强觊觎上海以来，他们就十分重视收集上海的各种情报，特别是军事情报。传教士郭世立对上海的防御有过这样的记载："上海炮台是一座极为巨大的结构。他们尽了最大的努力布防，可是最糟糕的军队也挡不住，因为他们不懂得炮台工事的技术，只能依赖于壁垒和围墙的厚度。……火药的质量低劣，炮的保养和使用都不值一提，点火口太宽，制造得不合比例，我确信有些炮对炮手自己要比对敌人更致命。……所有他们的军事工作都已经烂透了。……我们看到弓挂在墙上，但没有发现箭，据他们说，箭存放在对岸。他们的武器十分混乱，有些士兵有大刀，其余的有火绳枪，少数有矛，诸如此类。"林赛也说："大多数士兵只有一柄刀和柳条编成的盾牌，没有其他任何武器。那些刀实在不成样子，简直就像一根铁条。火枪保养极差，几乎都快锈蚀了。目睹了上海的军队之后，我深信只要有50个训练有素的、坚强的士兵，甚至可以更少一些，就足以打败我们现在所见到的中国军队，哪怕后者人数更多一些也不在话下。吴淞口停泊着十五艘中国战船，是我们所见过的最破烂不堪的战船。"他们当时就认为可以用武力打开上海的大门，达到他们的罪恶目的，现在这些外国侵略者终于等到这个机会了。

1854年12月15日，辣厄尔指挥法军联合清军向上海城的北门发动进攻。辣厄尔在法国领事馆前面摆上了大炮，对准县城进行连续轰击。与此同时，黄浦江上的法国军舰也向着同一方向不断发射炮弹。城内一片火海，浓烟滚滚。这时，在离北门不远的一座当铺里面，潘起亮带领几百弟兄已经埋伏了很长时间。前方侦察的弟兄不断地送来敌人的情报。在正式进攻之前，法国士兵已经严密封锁了上海县城，只有有人要入城，他们一律开枪射击。不久之前，一位老婆婆要把一篮子食物送到城里，法国兵开枪击中了她，老婆婆倒在地上不动了，法国人还在不断开枪，子弹把地上的泥土打得飞溅。潘起亮和兄弟们听了，恨得牙根痒痒，紧握手中钢枪，准备和法国人决一死战。不一会儿，在大炮的轰击下，城墙被打出了一个巨大的缺口。早就等在后面的法国士兵一拥而上，从缺口冲进了县城。辣厄尔素来骄横，没有把小刀会放在眼里，只派出了二百五十名士兵的攻城队伍。这些法国兵进入缺口之后，没有看见一个人，城里面的人似乎都跑光了似的。他们轻松地排好纵队向前。突然，从路旁的房子里传出一阵枪声，几十个法国兵倒了下去，法军士兵立刻就乱成一团，在路上像没头苍蝇一样乱跑。潘起亮指挥小刀会的兄弟见一个打一个，法国兵看不见敌人，也没有了指挥，只能转身往缺口跑，从缺口撤出了县城。

这时候清军也冲入了缺口，潘起亮率领起义军从藏身的当铺冲了出来，手持大刀，勇猛地向清军冲杀。清军的队伍之前已经被溃逃的法军冲了一下，现在混乱不堪，惊慌失措，被一步步赶到了城墙边上，咕噜噜地从墙上滚了下去，有的当场就摔死了，有的摔断了骨头，有的摔到了城外清军的长矛上，身受重伤。他们的武器、旗帜滚落了一地。这一场血战，在潘起亮的指挥之下，起义军大获全胜。法国军队死了两个军官，伤

太平军水师作战

亡了六十多个士兵，清军死伤两千余人。这次失败对侵略者的精神打击很大，他们哀叹：西方国家对东方民族一向自矜自持的优越感，从此破产了。

英国赐德龄将军与包令爵士曾经从"善意"出发，建议小刀会放弃上海县城，并表示愿意承担保护小刀会的责任。而小刀会的将士们不相信洋人，更不相信清政府，下定决心要斗争到底。

在法军进攻失败之后，清军和外国侵略者再也没有对上海城展开大规模的进攻，他们反复采取围困、封锁、调停、诱降等种种手段，消磨起义军的斗志。上海小刀会的处境越发困难了，最终，以刘丽川为首的起义军决定突围，保存力量，继续战斗。

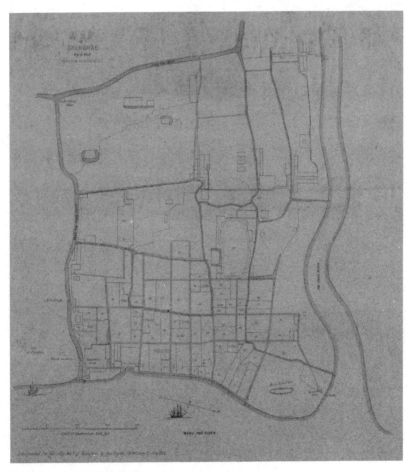

1849年的上海租界示意图

最后的战斗

　　从界墙开始修筑时起，上海城内粮食来源逐渐减少了很多，起义军不得不实行配给制度，每人每天只有半升大米，同时收集民间的粮食统一分配。"贫苦之家以糠糟煮粥，杂以野草食之。"因为粮食供应紧张，乡绅徐渭仁提出放吃不饱肚子的百姓出城，起义军迫不得已同意，他也乘机逃出。这并非偶然的。徐渭仁同起义军貌合神离，还曾经协助吴健彰进行劝降，当起义军要他出钱资助时，他说："寒家所有惟书卷，难饷军中半日粮"，一分钱不出；而对清政府却念念不忘，在袁祖德被杀一周年的日子里，还写诗纪念："人间我岂常存者，世上君留不死名。""可怜碧血余双泪，家祭何年慰太平。"期待清军早日重回上海城。

　　此时留在城内的居民还有二三万人，其中妇女儿童居多，情况十分艰难，快要维持不下去了。刘丽川下令起义军"皆食糜粥、草根，掘穴搜蝘蜓"，减少粮食的消耗。随着时间的流逝，所存的米粮越来越少，到最后粮食没有了，"颗粒无有"，起义军只能杀牛马吃，城里的百姓将所有狗、猫及昆虫都吃光，又吃草根、树皮，挖掘浜内蟛蜞，煮食箱笼钉鞋底旧皮充饥。其他物资同样匮乏，城中没有了灯油蜡烛。一开始小刀会守城，到夜晚燃灯万盏，如同天上的繁星，随着围城时间越来越长，到最后不见光明了。"弹药也已经消耗得所剩无几，现在只有异常小心地使用。"可以看出，城内已经是弹尽粮绝了。

虽然面对重重的困难，广大小刀会起义军将士依然有百折不回的精神和决心，继续进行斗争。他们在被法军炮火轰开的城墙缺口，布置了装有铁钉的陷阱。"邻近的地方也都防御得极其周密。凡是朝向城墙缺口的地方都有枪眼和防御工事，甚至城内所开掘的直通北门的壕沟都是用柴枝、稻草和泥土细心地掩蔽起来。东南门内木栅和里墙占了许多地方，在每一个可能遭到攻击的地方都严密防范。"

清军企图利用这样的机会加紧进攻县城。吉尔杭阿对手底下的军官说，之前上海县城久攻未下，"屡奉严旨切责"，现在城内已经困难万分，"以接此文三日起，予限五日，定须克复沪城，不准再事延宕"，"一逾五日之限，先将带兵带勇各官，从严参奏。轻则褫职发遣，重则军法从事。"虽然定下了最后期限，但怕死清军仍是不肯卖命。

1855年2月17日，那是一个除夕之夜，起义军在刘丽川的带领下，分兵突围。刘丽川率领一支队伍出城，在虹桥与清军相遇，经过一番激烈战斗，刘丽川英勇牺牲。周秀英、徐耀、李仙云等也流尽了最后一滴血。坚持一年半之久的上海小刀会起义，最终被中外反动派联合镇压下去了，大批起义军将士遭到屠杀。但是在广大群众的掩护帮助下，仍有一部分将士杀出清军的包围圈。他们擦干身上的血迹，继续与清朝黑暗统治进行斗争。

刘丽川、陈阿林等起义军将士从上海县城撤出之后，在当天夜里，城里的士绅从城上报告清军："小刀会的人全走了。"于是清军马上开始行动。

大批清军进攻东、南两门，从云梯和城墙缺口冲进城内。上海县城终于陷入清军之手。清军进入上海县城之后立刻就开始四处放火，理由是怕小刀会有埋伏。上海怡和洋行负责人在致香港总行的信件说："清军在路上到处放火，以防埋伏，确认小刀会的人都撤走以后，他们才占领全城。""官兵进城以后，为了把小刀会从隐匿场所驱逐出来，就在城内到处放火。"当时在城内的上海人说："元旦夜各兵入城即纵火。"当时人的笔记上写道，"官军遂入，纵火焚烧"。

除了防火，清军还大肆抢掠，中饱私囊。他们一见财物，如同苍蝇见血。《北华捷报》报道中说，清军"冲进民房去抢劫财物，将他们能够抢到的一切东西都送到当铺里去当"，"街道上行走之际，我们看见一群官军猛追一个可怜的小刀会成员，……当他被捉住以后，他们把他的衣服一层层剥去，在走到城门以前，他的衣服早已被他们剥得精光了。"清军肆无忌惮地在城内

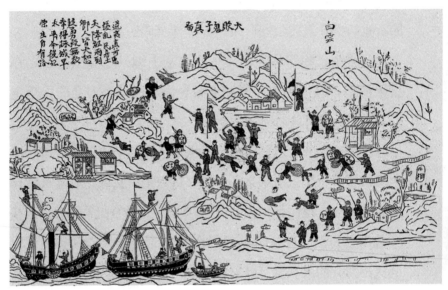

第二次鸦片战争宣传画

138

大肆抢劫"全城均被搜劫三日",遇到反抗就用最野蛮的方式镇压,"许多人想要保全自己的财产,不是丧命就是伤痕累累"。在这场洗劫全城的野蛮行动中,清军没有不参与的,连作为统帅的吉尔杭阿也不例外。根据《三略汇编》记载:"至郁泰峰家责其在城济匪,声色俱厉,勒令捐银二十万两,饬交道县修学宫、各衙署及一切善后事宜。"《北华捷报》报道说:城中繁华的商业区一片凄凉,正如几个月遭遇火灾劫掠的城郊一样。

清军还用疯狂屠杀来报复。他们进城后,立刻对起义军进行搜捕和屠杀,以发泄此前攻城多次受挫的愤怒。吉尔杭阿发出布告:"刻下官兵正搜捕贼匪残余,各户如有藏匿之罪犯,仰即绑解前来,以便讯究惩处。"《北华捷报》报道说,"巡抚的告示警告居民不得隐藏小刀会,违者立即处死。……凡能报告小刀会隐匿之处或捕获小刀会者可得赏金十元或二十元,和白顶子一枚"。

面对清军的残暴行为,法国侵略者却说:"清军入城的那一天,老百姓所受的灾难并不像大家担心的那样厉害,官员们把秩序维持得很好;他们尽一切努力保护无辜良民及其产业。"爱棠还说吉尔杭阿"对待城里的居民和投降的叛乱者都是仁慈和宽大的"。真是胡说八道!从这一点也可看出,法国侵略者与清朝当局是一丘之貉。清朝当局的狠毒报复吓不倒上海人民,恰恰相反,这只能激起人民群众的怒火,将革命的精神代代相传。

后记

　　上海小刀会起义发生的年代，中国正一步步沦为半殖民地半封建社会，这次起义发生在上海，当时那是外国势力侵略中国的重要据点。小刀会起义事实上担负起了反抗外国侵略势力和反抗封建统治的双重任务。小刀会起义在政治、经济、军事上沉重地打击了外国侵略者，也沉重地打击了清政府的封建统治，打击了土豪劣绅和贪官污吏，支援了太平天国的斗争。

　　在这场斗争中，小刀会体现了中国人民不畏强暴、敢于斗争的精神，这是中华民族最可宝贵的民族精神。当时上海及其附近地区的普通农民、市民，面临着生存的危机，他们没有低头，而是组织起来进行抗争，他们争取生存权的行动是正义的，因此得到了最广大人民群众的支持。他们的行动不仅有现实的意义，在精神人格层面，也永远值得我们铭记，值得我们学习。我们应当铭记和学习他们在斗争中所体现出来的高尚人格精神，任何时候都不能放弃民族的独立和尊严。